천리길도 어휘력부터

하루 하나 꺼내 먹는 속담 따라 쓰기

펴낸일 2023년 9월 27일 초판 1쇄

지은이 에듀스토리
그림 황재윤
발행인 황영아
기획/책임 편집 임수정
디자인 루기룸
로고제작 도안글씨디자인연구소
펴낸곳 마카롱플러스 미디어
주소 서울시 광진구 아차산로 30길 36 2층 창업센터 102호
전화 02) 400-3422 **팩스** 02) 460-2398
출판등록일 2023년 5월 23일

ISBN 979-11-983377-1-9 64710
ISBN 979-11-983377-0-2 (세트)

* 잘못된 책은 구입처에서 바꾸어 드립니다.
* KC마크는 이 제품이 공통안전기준에 적합하였음을 의미합니다.

마카롱+

블로그 blog.naver.com/macaron_media
인스타그램 instagram.com/macaron.media
메일 media.macaron@gmail.com

천리길도 어휘력부터

하루 하나 꺼내 먹는 속담 따라 쓰기

들어가며

바르게 쓰는 습관은 무엇보다 중요합니다

스마트폰이 필수품이 되고, AI와 함께 호흡하며 살고 있는 시대입니다. 우리 아이들이 손으로 또박또박 글쓰기를 할 수 있는 시간은 현저하게 줄었습니다. 스마트폰 위에서 엄지 손가락을 부지런히 움직이는 것이 연필을 잡고 글 쓰는 것보다 더 익숙한 세대이니까요.

하지만 바르게 읽는 것과 바르게 쓰는 것은 바른 공부와 떼어서 생각할 수 없습니다. 특히, 바르게 쓰기는 초등 저학년에서 꼭 배워야 할 습관이죠. 그래서 에듀스토리는 쓰임새가 좋은 속담을 바탕으로 천천히 읽고 쓰며, 흥미롭게 읽을 수 있는 콘텐츠를 만들어야겠다는 생각을 하게 되었어요. 천천히 따라 쓰다 보면 실생활과 연결된 언어 표현력도 높이고, 속담과 관련된 많은 상식을 배우며 매일 집중하는 습관까지 갖게 될 테니까요.

〈콩심콩 팥심팥〉 시리즈는 어린시절 정성스럽게 뿌린 씨앗이 큰 열매가 되는 즐거운 경험을 선물합니다. 하루에 10분만 집중해 보세요. 한 달 뒤에는 삐뚤삐뚤했던 글씨도 예쁜 글씨로 교정되고, 어휘력과 표현력, 집중력도 향상된 모습을 발견할 수 있을 거예요. 〈콩심콩 팥심팥〉과 함께 어린이들이 뿌듯한 경험을 차곡차곡 쌓길 기대합니다.

에듀스토리

천리길도 어휘력부터

하루 하나 꺼내 먹는 속담 따라 쓰기

글 에듀스토리 | 그림 황재윤

마카롱+

이 책의 구성과 특징

초등학생 때 알아야 할 교과 연계 필수 속담 50개를 선정했어요. 하루에 하나씩, 차곡차곡 어휘력을 쌓아 보세요. 어린이의 문해력과 사고력을 키워 주는 중요한 열쇠가 될 거예요.

01 가는 말이 고와야 오는 말이 곱다

남에게 좋은 말을 해야 남도 나에게 좋은 말을 쓴다.

나는 상대방에게 불친절하게 대하면서 상대방은 나에게 친절하기를 기대한 적 있나요? 다른 사람이 나에게 친절하게 말하고 행동하기를 바란다면 내가 먼저 남에게 다정하고 친절한 말과 행동으로 대해 보세요. 상대방도 그 마음을 알고 더 좋은 말과 행동을 보일 거예요.

한 뼘 플러스+

비슷한 표현으로 '가는 떡이 커야 오는 떡이 크다'와 '가는 정이 있어야 오는 정이 있다' 등이 있습니다. 또 말을 어떻게 하느냐에 따라 결과가 크게 달라진다는 뜻으로 '같은 말이라도 '아' 다르고 '어' 다르다'와 '말 한마디로 천냥 빚을 갚는다' 등이 있습니다. 말의 중요성은 아무리 강조해도 지나치지 않나 봅니다.

14

01

재미있는 만화로 속담이 더욱 친밀해져요

속담은 우리 생활에서 종종 만나는 매우 밀접한 표현이에요. 만화를 통해 속담을 친밀하게 만나 보세요.

02

속담과 관련된 상식까지 배우며 한 뼘 더 성장해요

속담 속에는 우리 조상들의 지혜와 생각이 담겨 있어요. 속담 속 과학 법칙, 생활 상식 등도 함께 배울 수 있도록 구성하였어요.

03
바르게 쓰는 습관과 집중력을 높여요

초등 때는 직접 또박또박 손으로 글씨를 써 보는 연습이 꼭 필요해요. 따라 쓰면서 집중력도 높이고 글씨를 바르게 쓰는 습관을 만들 수 있어요.

04
속담 표현과 관련된 내 경험을 떠올려 봐요

내 경험 속에서 속담과 관련된 사례를 떠올려 봅니다. 수동적으로 배우기만 하는 게 아니라, 스스로 생각해 보는 기회를 가져 봐요.

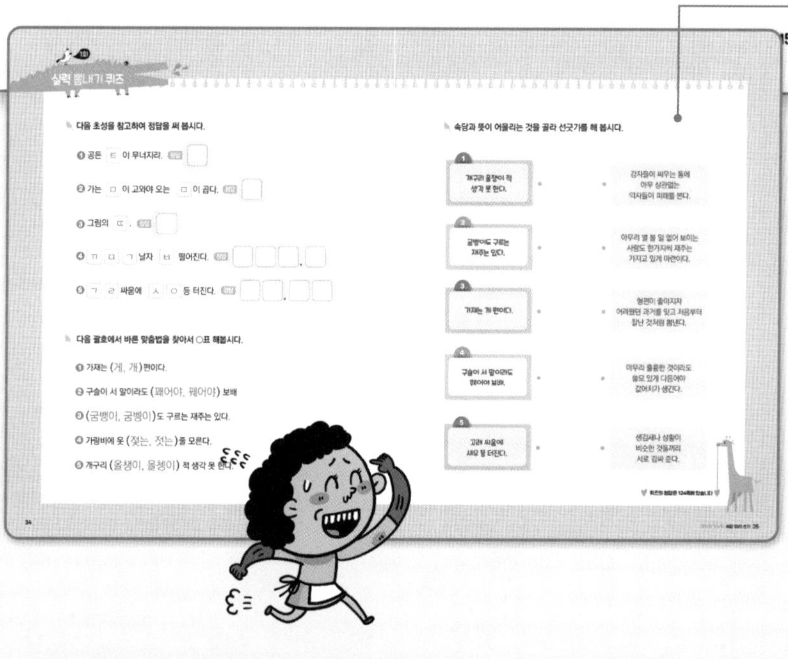

05
매 10일차마다 퀴즈로 복습해요

배웠던 속담의 뜻을 잘 기억하고 있는지, 따라 쓰기 연습을 통해 익힌 맞춤법 등은 잊지 않고 있는지 확인해 보아요. 초성 힌트 퀴즈, 헷갈리는 맞춤법 맞히기, 어울리는 뜻 연결하기로 완벽한 복습이 됩니다.

차례

01 가는 말이 고와야 오는 말이 곱다 ········ 14

02 가랑비에 옷 젖는 줄 모른다 ········ 16

03 가재는 게 편이다 ········ 18

04 개구리 올챙이 적 생각 못 한다 ········ 20

05 고래 싸움에 새우 등 터진다 ········ 22

06 공든 탑이 무너지랴 ········ 24

07 구슬이 서 말이라도 꿰어야 보배 ········ 26

08 굼벵이도 구르는 재주는 있다 ········ 28

09 그림의 떡 ········ 30

10 까마귀 날자 배 떨어진다 ········ 32

실력 뽐내기 퀴즈 1회 ········ 34

11 꿩 먹고 알 먹고 ···· 36

12 남의 손의 떡이 더 커 보인다 ···· 38

13 낫 놓고 기역 자도 모른다 ···· 40

14 낮 말은 새가 듣고 밤 말은 쥐가 듣는다 ···· 42

15 누워서 침 뱉기 ···· 44

16 달면 삼키고 쓰면 뱉는다 ···· 46

17 닭 쫓던 개 지붕 쳐다본다 ···· 48

18 도토리 키 재기 ···· 50

19 독 안에 든 쥐 ···· 52

20 돌다리도 두들겨 보고 건너라 ···· 54

실력 뽐내기 퀴즈 2회 ···· 56

21 될성부른 나무는 떡잎부터 알아본다 ············ 58
22 등잔 밑이 어둡다 ································ 60
23 땅 짚고 헤엄치기 ································ 62
24 똥 묻은 개가 겨 묻은 개 나무란다 ············· 64
25 뛰는 놈 위에 나는 놈 있다 ···················· 66
26 말 한마디로 천냥 빚도 갚는다 ················· 68
27 못 먹는 감 찔러나 본다 ························ 70
28 믿는 도끼에 발등 찍힌다 ······················ 72
29 밑 빠진 독에 물 붓기 ·························· 74
30 바늘 가는 데 실 간다 ·························· 76
실력 뽐내기 퀴즈 3회 ······························ 78

31 발 없는 말이 천 리 간다 ······················ 80
32 배보다 배꼽이 크다 ···························· 82
33 백지장도 맞들면 낫다 ·························· 84
34 벼는 익을수록 고개를 숙인다 ·················· 86
35 불난 집에 부채질한다 ·························· 88

36 비 온 뒤 땅이 더 굳어진다 ······ 90
37 사공이 많으면 배가 산으로 간다 ······ 92
38 세 살 버릇 여든까지 간다 ······ 94
39 소 잃고 외양간 고친다 ······ 96
40 수박 겉 핥기 ······ 98
실력 뽐내기 퀴즈 4회 ······ 100

41 아니 땐 굴뚝에 연기 날까 ······ 102
42 언 발에 오줌 누기 ······ 104
43 우물 안 개구리 ······ 106
44 웃는 낯에 침 못 뱉는다 ······ 108
45 원숭이도 나무에서 떨어진다 ······ 110
46 입에 쓴 약이 병에 좋다 ······ 112
47 작은 고추가 맵다 ······ 114
48 지렁이도 밟으면 꿈틀한다 ······ 116
49 콩 심은 데 콩 나고 팥 심은 데 팥 난다 ······ 118
50 하늘이 무너져도 솟아날 구멍이 있다 ······ 120
실력 뽐내기 퀴즈 5회 ······ 122
퀴즈 정답 ······ 124

01 가는 말이 고와야 오는 말이 곱다

남에게 좋은 말을 해야 남도 나에게 좋은 말을 쓴다.

나는 상대방에게 불친절하게 대하면서 상대방은 나에게 친절하기를 기대한 적 있나요? 다른 사람이 나에게 친절하게 말하고 행동하기를 바란다면 내가 먼저 남에게 다정하고 친절한 말과 행동으로 대해 보세요. 상대방도 그 마음을 알고 더 좋은 말과 행동을 보일 거예요.

한 뼘 플러스+

비슷한 표현으로 '가는 떡이 커야 오는 떡이 크다'와 '가는 정이 있어야 오는 정이 있다' 등이 있습니다. 또 말을 어떻게 하느냐에 따라 결과가 크게 달라진다는 뜻으로 '같은 말이라도 '아' 다르고 '어' 다르다'와 '말 한마디로 천냥 빚을 갚는다' 등이 있습니다. 말의 중요성은 아무리 강조해도 지나치지 않나 봅니다.

공부한 날짜 월 일 확인

따라 써 볼까?

가	는		말	이		고	와	야		오	는	
말	이		곱	다	.							

무슨 뜻일까?

남에게 좋은 말을 해야 남도 나에게 좋은 말을 한다.

다시 써 볼까?

가는 말 이 고와야 오는 말 이 곱다.

공감 플러스+

- 친구들 혹은 형제 사이의 말 때문에 속상했던 경험이 있었는지 간단히 써 보아요.

02 가랑비에 옷 젖는 줄 모른다

사소한 일도 계속 쌓이면 큰일이 된다.

가랑비는 보슬보슬 아주 가늘게 내리는 비를 말해요. 워낙 가는 빗줄기라 느끼기 어렵지만 이런 가랑비라도 계속 맞으면 어느새 옷이 푹 젖게 된다는 뜻입니다. 그만큼 아무리 사소한 것도 거듭되면 무시할 수 없을 정도로 큰 영향을 미치게 된다는 뜻입니다.

한 뼘 플러스+

아주 가늘게 내리는 비를 표현하는 우리 말에는 가랑비 외에도 이슬비, 보슬비, 실비, 그리고 안개처럼 흩날리는 안개비 등이 있어요. 그 밖에도 햇볕이 난 맑은 날 잠깐 내리는 여우비도 있고, 굵고 세차게 내리는 장대비, 짧은 시간에 갑자기 쏟아지는 굵은 소낙비도 있어요. 또 농사를 짓는 시기에 딱 알맞게 내리는 비를 두고 단비라고 표현합니다.

따라 써 볼까?

가랑비에 옷 젖는 줄 모르다.

무슨 뜻일까?

사소한 일도 계속 쌓이면 큰일이 된다.

다시 써 볼까?

가랑비에 옷 젖는 줄 모른다.

공감 플러스+

- 작은 일을 꾸준히 했을 때 결과가 좋았던 경험이 있나요? 간단히 써 보아요.

03

가재는 게 편이다

생김새나 상황이 비슷한 것들끼리 서로 감싸 준다.

가재와 게는 딱딱한 등껍질이나 집게 발 등이 서로 비슷해요. 그래서 게와 다른 동물이 싸울 때, 가재가 생긴 것만 보고 자기 편이라고 생각해 게의 편을 들어준다는 뜻이에요. 형편과 모양이 비슷하고 인연이 있는 것들끼리 서로 편을 들고 감싸 줄 때 쓰이는 말이에요.

한 뼘 플러스+

서로 감싸 준다는 뜻으로 서로 비슷한 무리들이 끼리끼리 어울려 지낸다는 뜻의 사자성어로 '유유상종(類類相從)'이라는 말이 있어요. 또한 풀빛과 녹색은 같다는 말로 '초록은 동색이다'도 같은 상황에서 쓰입니다. 그리고 같은 편끼리 서로 감싸 준다는 표현으로 '팔은 안으로 굽는다'라는 말도 있습니다.

공부한 날짜 월 일 확인

따라 써 볼까?

가재는 게 편이다.

무슨 뜻일까?

생김새나 상황이 비슷한 것들끼리 서로 감싸 준다.

다시 써 볼까?

가재는 게 편이다.

공감 플러스+

- 누군가 나의 편을 들어줘서 기분 좋았던 적이 있나요? 어떤 경험이었는지 나누어 보아요.

04 개구리 올챙이 적 생각 못 한다

형편이 좋아지자 어려웠던 과거를 잊고 처음부터 잘난 것처럼 뽐낸다.

알에서 갓 깨어난 개구리 새끼를 '올챙이'라고 해요. 개구리와는 생김새가 무척 달라 완전히 다른 종의 동물 같아요. 지금은 물 밖에서 자유롭게 뛰지만 얼마 전까지만 해도 물속에만 있었지요. 그래서 과거 미천하고 힘든 시기는 까맣게 잊고 처음부터 잘난 듯이 뽐내는 경우를 두고 '개구리 올챙이 적 생각 못 한다'고 말해요.

한 뼘 플러스+

봄이 되면 연못이나 논 등의 물이 고여 있는 곳에서 개구리 알을 발견할 수 있어요. 알에서 깨어 나온 새끼를 '올챙이'라고 합니다. 올챙이는 몸의 색깔이 검고 모양은 둥글며, 끝에 가느다란 꼬리로 헤엄을 칩니다. 그러나 꼬리는 뒷다리가 나오기 시작하며 짧아지고, 그 후에 앞다리가 나와요. 동시에 꼬리와 아가미가 사라지며 개구리의 형태를 갖게 됩니다.

공부한 날짜 월 일 확인

따라 써 볼까?

개	구	리		올	챙	이		적		생	각	
못		한	다	.								

무슨 뜻일까?

형편이 좋아지자 어려웠던 과거를 잊고 처음부터 잘난 것처럼 뽐낸다.

다시 써 볼까?

개구리 올챙이 적 생각 못 한다.

공감 플러스+

- 과거에는 잘 못했지만 지금은 자신 있게 할 수 있는 게 있나요? 하나만 써 보아요.

05

고래 싸움에 새우 등 터진다

강자들이 싸우는 통에 아무 상관없는 약자들이 피해를 본다.

고래는 현존하는 포유류 중에서 가장 덩치가 큰 동물입니다. 그에 비하면 새우는 작고 힘도 약해요. 큰 고래들이 바닷 속에서 싸운다고 상상해 보세요. 옆에 있던 새우는 물살에 휘말려 이유 없이 다치거나 피해를 보게 됩니다. 강자들의 싸움에서 약자가 괜히 피해를 보는 상황에 이런 표현을 사용한답니다.

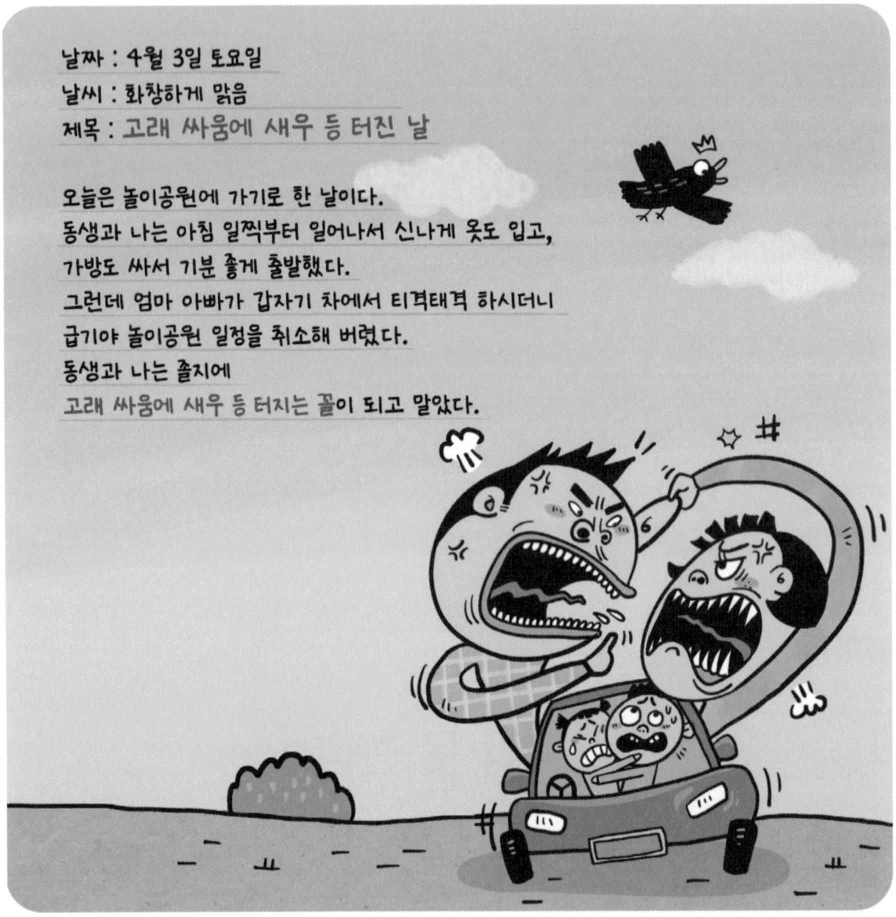

한 뼘 플러스+

고래는 물고기가 아니라 포유류인 것 알고 있나요? 고래는 알이 아니라 새끼를 낳고, 젖을 먹이는 포유류입니다. 5천만 년 전 육지에 살았지만, 물 속 환경에 맞게 진화한 동물이죠. 고래는 진화하면서 폐에 많은 양의 산소를 저장할 수 있게 되었지만, 그래도 숨을 쉬기 위해서 가끔 수면으로 올라와야 합니다. 고래가 바다 위에서 물을 뿜는 것은 사실 숨을 쉬는 것이라고 하네요.

따라 써 볼까?

고	래		싸	움	에		새	우		등		터
진	다	.										

무슨 뜻일까?

강자들이 싸우는 통에 아무 상관없는 약자들이 해를 본다.

다시 써 볼까?

고래 싸움 에 새우 등 터진다.

공감 플러스+

- 다른 사람 때문에 내가 곤란했던 경험이 있었나요? 어떤 경험이었는지 이야기해 보아요.

06 공든 탑이 무너지랴

정성을 다해 한 일은 그 결과가 헛되지 않다.

무슨 일이든 얼렁뚱땅 했다가는 망치기 쉬워요. 하지만 최선을 다해 노력하면 그 결과는 반드시 좋게 마련이지요. 정성껏 공을 들여 튼튼하게 세운 탑은 쉽게 무너질 리가 없다는 말입니다. 곧 노력은 결과를 배신하지 않는다는 뜻이랍니다.

한 뼘 플러스+

비슷한 속담으로 '하늘은 스스로 돕는 자를 돕는다'와 '지성이면 감천이다'라는 말이 있습니다. 두 가지 모두 마음을 다해 정성을 쏟으면, 하늘도 감동하여 도와준다는 뜻입니다. 이와는 반대의 뜻으로 '공든 탑도 개미 구멍으로 무너진다'는 말도 있습니다. 이 속담은 정성을 다해 노력해도, 작은 실수나 방심으로 일을 망칠 수 있다는 뜻이에요.

공부한 날짜

월 일 확인

따라 써 볼까?

공 든 탑 이 무 너 지 랴 .

무슨 뜻일까?

정성을 다해 한 일은 그 결과가 헛되지 않다.

다시 써 볼까?

공든 탑이 무너지랴.

공감 플러스+

• 어떤 일을 꾸준히 해서 성취감을 느껴 보았던 경험이 있나요? 간단히 써 보아요.

07

구슬이 서 말이라도 꿰어야 보배

아무리 훌륭한 것이라도 쓸모 있게 다듬어야 값어치가 생긴다.

예쁜 진주나 보석 따위 등의 구슬이 아무리 많아도 잘 다듬고 쓸모 있게 만들어야 값어치가 생긴다는 뜻입니다. 재능이 많아도 열심히 노력하지 않으면 빛을 발할 수 없다는 뜻으로도 사용하지요. 속담에서 '말'은 무게를 잴 때 쓰였던 옛 단위로 한 말은 약 18리터 되는 양이라고 합니다.

한 뼘 플러스+

비슷한 속담으로 '부뚜막의 소금도 집어넣어야 짜다'가 있어요. 부뚜막은 전통 가옥의 부엌에서 아궁이 위에 솥을 올려 놓은 곳을 말해요. 소금이 부뚜막 가까이에 있어도 음식에 넣지 않으면 짠 맛을 낼 수 없겠죠. 아무리 좋은 조건을 갖고 있어도 이를 이용하지 않으면 아무 쓸모가 없다는 뜻이에요.

따라 써 볼까?

구	슬	이		서		말	이	라	도		꿰	어
야		보	배	.								

무슨 뜻일까?

아무리 훌륭한 것이라도 쓸모 있게 다듬어야 값어치가 생긴다.

다시 써 볼까?

구슬이 서 말이라도 꿰어야 보배.

공감 플러스+

- 어떤 것을 이용해서 제대로 된 효과를 보았던 적이 있었나요? 간단히 이야기해 보아요.

08 굼벵이도 구르는 재주가 있다

아무리 별 볼 일 없어 보이는 사람도 한 가지씩 재주는 가지고 있다.

굼벵이는 매미나 풍뎅이, 사슴벌레 등의 애벌레 종류를 말해요. 동작이 매우 굼뜨고 느리죠. 하지만 느릿느릿하고 동작이 굼뜬 굼벵이도 데굴데굴 구르는 재주는 있어요. 아무리 별 볼 일 없어 보이는 사람도 재주 하나쯤은 가지고 있다는 뜻으로 쓰인답니다.

한 뼘 플러스+

굼벵이는 초가집의 썩은 이엉 속이나 흙 속, 농작물을 비롯한 각종 식물의 뿌리 근처에서 살아요. 꿈틀꿈틀 굼벵이는 생김새가 징그럽지요. 하지만 이 굼벵이는 식용곤충으로 사육하기도 하고 예로부터 한방에서는 병을 고치는 약재로도 사용한답니다.

공부한 날짜 월 일 확인

따라 써 볼까?

굼	벵	이	도		구	르	는		재	주	가	
있	다	.										

무슨 뜻일까?

아무리 별 볼 일 없어 보이는 사람도 한 가지씩 재주는 가지고 있다.

다시 써 볼까?

굼벵이 도 구르는 재주 가 있다.

공감 플러스+

• 나만의 특별한 장기나 친구들에게 자랑할 수 있는 분야가 있나요? 간단히 써 보아요.

09

그림의 떡

아무리 마음에 들어도 이용할 수 없거나 차지할 수 없는 경우.

아주 먹음직스럽게 잘 그려진 그림 속 떡이 있다고 생각해 봐요. 제아무리 욕심이 난다 해도 그림 속 떡은 먹을 수 없겠죠. 마음에 쏙 드는 물건이나 탐나는 무언가가 있어도 내 능력이나 상황이 허락되지 않아 가질 수 없는 경우 '그림의 떡'이라고 표현해요.

한 뼘 플러스+

서양에도 우리와 비슷한 속담이 많아요. '그림의 떡'과 비슷한 영어 표현으로 'Pie in the sky'라는 말이 있어요. '하늘에 있는 파이'는 말 그대로 닿을 수 없어 먹기 힘든 음식이겠지요? 즉, 간절히 바라지만 일어날 가능성이 거의 없는 경우에 사용한답니다.

공부한 날짜 월 일 확인

따라 써 볼까?

그	림	의		떡	.							

무슨 뜻일까?

아무리 마음에 들어도 이용할 수 없거나 차지할 수 없는 경우.

다시 써 볼까?

그림의 떡.

공감 플러스+

- 지금 간절히 원하는 것이 있나요? 그 간절함이 이루어질 확률은 얼마나 되나요?

10

까마귀 날자 배 떨어진다

아무 상관없는 일이 동시에 일어나 억울한 의심을 받는 상황.

까마귀는 하늘로 날아올랐을 뿐인데 그 순간 우연히 배가 떨어졌어요. 그 모습을 본 사람들은 까마귀 때문에 배가 떨어졌다고 오해했지요. 사실은 우연히 같은 때에 벌어진 일일 뿐, 아무 관계 없는데 의심을 받게 된 경우입니다. 사자성어로는 '오비이락(烏飛梨落)'이라고 합니다.

한 뼘 플러스+

비슷한 표현으로는 '오이 밭에서 신을 고쳐 신지 않는다' 가 있습니다. 오이 밭에서 몸을 숙여 신을 고쳐 신으면 오이를 훔치려는 것으로 오해를 살 수 있기 때문입니다. '자두나무 아래에서는 갓 끈을 고쳐 쓰지 말아라'도 마찬가지입니다. 때와 장소에 따라 공교롭게도 의심을 살 수 있으니 조심하라는 뜻입니다.

공부한 날짜 월 일 확인

따라 써 볼까?

까	마	귀		날	자		배		떨	어	진	다.

무슨 뜻일까?

아무 상관없는 일이 동시에 일어나 억울한 의심을 받는 상황.

다시 써 볼까?

까마귀 날자 배 떨어진다.

공감 플러스+

• 우연히 어떤 일을 했는데 억울하게 의심을 받은 적이 있었나요? 어떤 일이었는지 간단히 써 보아요.

1회

실력 뽐내기 퀴즈

다음 초성을 참고하여 정답을 써 봅시다.

1 공든 ㅌ 이 무너지랴. 정답 ☐

2 가는 ㅁ 이 고와야 오는 ㅁ 이 곱다. 정답 ☐

3 그림의 ㄸ. 정답 ☐

4 ㄲ ㅁ ㄱ 날자 ㅂ 떨어진다. 정답 ☐☐☐, ☐

5 ㄱ ㄹ 싸움에 ㅅ ㅇ 등 터진다. 정답 ☐☐, ☐☐

다음 괄호에서 바른 맞춤법을 찾아서 ○표 해봅시다.

1 가재는 (게, 개) 편이다.

2 구슬이 서 말이라도 (꽤어야, 꿰어야) 보배

3 (굼뱅이, 굼벵이) 도 구르는 재주는 있다.

4 가랑비에 옷 (젖는, 젓는) 줄 모른다.

5 개구리 (올챙이, 올쳉이) 적 생각 못 한다.

속담과 뜻이 어울리는 것을 골라 선긋기를 해 봅시다.

1. 개구리 올챙이 적 생각 못 한다.
2. 굼벵이도 구르는 재주는 있다.
3. 가재는 게 편이다.
4. 구슬이 서 말이라도 꿰어야 보배.
5. 고래 싸움에 새우 등 터진다.

- 강자들이 싸우는 통에 아무 상관없는 약자들이 피해를 본다.
- 아무리 별 볼 일 없어 보이는 사람도 한가지씩 재주는 가지고 있게 마련이다.
- 형편이 좋아지자 어려웠던 과거를 잊고 처음부터 잘난 것처럼 뽐낸다.
- 아무리 훌륭한 것이라도 쓸모 있게 다듬어야 값어치가 생긴다.
- 생김새나 상황이 비슷한 것들끼리 서로 감싸 준다.

퀴즈의 정답은 124쪽에 있습니다

11

꿩 먹고 알 먹고

한 가지 일을 하여 두 가지 이득을 얻는다.

꿩은 무척 예민해서 잡기 어려운 동물입니다. 하지만 알을 품은 어미 꿩은 위험한 상황에도 알을 버리고 도망치는 일이 없대요. 그래서 알을 품고 있는 꿩을 발견하면 꿩 뿐만 아니라 알도 얻을 수 있다고 하네요. 한 번에 두 가지 이득을 얻게 되는 경우에 이렇게 표현합니다.

한 뼘 플러스+

한 가지 일로 두 가지 이익을 볼 때 쓰는 표현으로 '마당 쓸고 엽전 줍고', '도랑 치고 가재 잡고', '누이 좋고 매부 좋고' 등이 있어요. 또 사자성어로는 한 번 돌을 던져 두 마리 새를 잡는 뜻으로 '일석이조(一石二鳥)'가 있고 '일거양득(一擧兩得)'도 같은 뜻으로 쓰여요.

공부한 날짜 월 일 확인

따라 써 볼까?

꿩		먹	고		알		먹	고	.			

무슨 뜻일까?

한 가지 일을 하여 두 가지 이득을 얻는다.

다시 써 볼까?

꿩 먹고 알 먹고.

공감 플러스+

- 한 가지 일로 두 가지 이익을 얻은 경험이 있었는지 이야기해 보아요.

12

남의 손의 떡이 더 커 보인다

남의 것이 내 것보다 더 좋아 보인다.

맛있는 음식을 나눠 먹을 때, 내 것 보다 남의 것이 더 크고 맛있어 보인 경험이 있나요? 내가 가진 것 보다 친구의 학용품이 더 좋아 보인다거나, 다른 사람이 가진 환경이 더 좋아 보인 적이 있었을 거예요. 더 많이 갖고 싶고, 더 잘되고 싶은 마음에 다른 사람이 부럽고 욕심이 날 때 쓰는 표현입니다.

한 뼘 플러스+

우리 속담에는 '떡'을 소재로 한 것들이 많아요. '싼 것이 비지떡'은 값이 싼 물건치고 품질이 좋은 것이 별로 없다는 뜻으로 쓰이고, '떡 줄 사람은 꿈도 안 꾸는데 김칫국부터 마신다'는 혼자 섣불리 짐작하고 판단해서 앞서가는 경우에 쓰는 말입니다. 경험이 많은 어른 말을 귀담아 들으면 여러 가지로 이익이 되는 경우가 많다는 뜻으로 '어른 말을 들으면 자다가도 떡이 생긴다'라고 말합니다.

공부한 날짜 월 일 확인

따라 써 볼까?

남	의		손	의		떡	이		더		커	
보	인	다	.									

무슨 뜻일까?

남의 것이 내 것보다 더 좋아 보인다.

다시 써 볼까?

남의 손 의 떡이 더 커 보인다.

공감 플러스+

- 친구가 갖고 있는 학용품이나 물건이 내 것보다 좋았던 경험이 있지요? 어떤 것이었나요?

13 낫 놓고 기역 자도 모른다

무식해서 아무것도 알지 못한다.

낫의 모양이 'ㄱ'자를 닮은 데서 나온 말이에요. 'ㄱ'자로 생긴 낫을 보고도 'ㄱ'을 떠올릴 수 없을 만큼 아는 것이 없다는 것을 빗대어 하는 말이지요. 글을 모르거나 무식하다는 표현을 할 때 사용하기도 합니다.

한 뼘 플러스+

농사를 지을 때 쓰이는 많은 것들이 자동화되었지만, 여전히 예로부터 사용했던 농기구들도 쓰이고 있습니다. 그 중 낫은 나무나 풀 따위를 베는데 사용하는 농기구로 생김새가 'ㄱ'자를 닮았습니다. 낫과 비슷하게 생긴 '호미'라는 농기구도 있습니다. 김을 매거나 감자, 고구마 등을 캘 때 사용하며 끝은 뾰족하고 위는 대개 넓적한 삼각형 모양이며 목이 가늘게 휘어 있습니다. *김을 매다-잡초를 제거하다.

공부한 날짜

월 일 확인

따라 써 볼까?

낫		놓	고		기	역		자	도		모	른
다	.											

무슨 뜻일까?

무식해서 아무것도 알지 못한다.

다시 써 볼까?

낫 놓고 기역 자 도 모른다.

공감 플러스+

- 친구들은 다 알고 있는데, 나만 모르는 것이 있었나요? 경험을 이야기해 보아요.

14 낮 말은 새가 듣고 밤 말은 쥐가 듣는다

비밀스럽게 한 말도 남의 귀에 들어가기 쉬우니 항상 말조심하라.

비밀스럽게 한 말이나 무심코 던진 말도 다른 사람의 귀에 언젠가 들어가게 되는 경우가 많아요. 세상에는 비밀이 없기에 아무도 듣지 않는 것 같지만 늘 조심해야 한다는 뜻이랍니다. 특히 다른 사람에 대한 험담은 금세 퍼져서 결국 그 사람의 귀에 들어가게 되니 삼가도록 해야겠죠?

한 뼘 플러스+

소리는 공기를 진동시켜 전달됩니다. 이 소리 진동은 기온이 높은 쪽에서 낮은 쪽으로 휘는 성질이 있어요. 낮에는 지구 표면이 햇빛을 받아 뜨거워지면서 상대적으로 기온이 낮은 하늘로 소리가 잘 퍼집니다. 그래서 하늘을 날고 있는 새가 소리를 잘 들을 수 있어요. 반대로 밤에는 지구 표면이 식으면서 땅으로 잘 퍼져 나가게 되겠죠. 때문에 밤에는 땅에 있는 쥐가 소리를 잘 듣게 됩니다. 속담에도 과학이 숨어 있었네요.

공부한 날짜 월 일 확인

따라 써 볼까?

낮		말	은		새	가		듣	고		밤	
말	은		쥐	가		듣	는	다	.			

무슨 뜻일까?

비밀스럽게 한 말도 남의 귀에 들어가기 쉬우니 항상 말조심하라.

다시 써 볼까?

낮 말 은 새가 듣고 밤 말 은 쥐가 듣는다.

공감 플러스+

- 친한 친구에게 비밀을 이야기했는데, 주변에서 알게 된 상황이 있었나요?

15 누워서 침 뱉기

남에게 해를 입히려고 한 일이 도리어 내게 해가 될 때.

누워서 침을 뱉으면 어떻게 될까요? 곧바로 얼굴로 떨어지겠죠? 누군가에게 해를 끼치려고 한 일, 혹은 나의 친구나 가족을 흉보는 일 등은 결국 나 자신에게 해가 된다는 뜻이에요.

한 뼘 플러스+

'누워서 침 뱉기'라는 속담을 비롯해, '웃는 낯에 침 뱉으랴' 혹은 '입술에 침이나 바르고 말해라', '침을 질질 흘리다' 등의 표현에서 침은 부정적이고 더러운 이미지를 갖고 있어요. 하지만 침은 건강을 확인하는 신호가 될 정도로 중요한 역할을 해요. 소화를 돕는 데 중요한 역할을 하기도 하고, 맛을 더 잘 느끼게 해 주거나 충치 발생을 억제해 주는 데도 중요한 역할을 한답니다.

공부한 날짜

월 일 확인

따라 써 볼까?

누	워	서		침		뱉	기	.				

무슨 뜻일까?

남에게 해를 입히려고 한 일이 도리어 내게 해가 될 때.

다시 써 볼까?

누워서 침 뱉기.

공감 플러스+

- 나의 가족이나 혹은 친구를 험담하여 결국 '누워서 침 뱉기'인 상황이 있었나요?

16

달면 삼키고 쓰면 뱉는다

옳고 그름을 따지지 않고 자신의 이익만 꾀함.

달콤한 사탕은 먹지만 쓴 약은 뱉어 버리는 사람이 있어요. 자신에게 이익이 되는 일이면 앞장서지만, 손해가 되거나 별다른 이익이 없으면 피하는 사람도 있지요. 다른 사람들과의 관계나 책임, 의리 등을 생각하지 않고 나의 이익만 따져서 행동하는 사람을 꼬집어 말할 때 사용합니다.

한 뼘 플러스+

'달면 삼키고 쓰면 뱉는다'는 뜻으로 사자성어는 '감탄고토(甘呑苦吐)'라고 해요. 또 비슷한 뜻으로 자신의 이익을 위해 이리 붙었다 저리 붙었다 하는 모습을 빗대어 '간에 붙었다 쓸개에 붙었다 한다'라고 말하기도 합니다. 모두 자신의 이익만을 생각하여 옳은 선택을 저버리는 경우를 두고 사용하는 표현입니다.

공부한 날짜 월 일 확인

따라 써 볼까?

달	면		삼	키	고		쓰	면		뱉	는	다.

무슨 뜻일까?

옳고 그름을 따지지 않고 자신의 이익만 꾀함.

다시 써 볼까?

달면 삼키고 쓰면 뱉는다.

공감 플러스+

- 주변에 자기의 이익만을 앞세워 행동하는 사람이 있나요? 그런 사람에게 어떻게 하는 게 좋을까요?

17

닭 쫓던 개 지붕 쳐다본다

애쓰던 일이 실패로 돌아가거나 남보다 뒤떨어져 어찌할 도리가 없다.

닭이 자신의 먹이를 먹자 화가 난 개가 닭을 쫓아갔어요. 하지만 닭은 푸드득 날아 지붕 위로 올라갔지요. 높은 곳까지 쫓아 올라갈 수가 없었던 개는 그저 지붕만 쳐다볼 수 밖에 없어요. 이렇게 애써 하던 일이 어쩔 도리 없이 실패로 돌아갈 때 쓰이는 속담입니다.

날짜 : 11월 11일 금요일
날씨 : 날씨는 맑은데 내 마음은 흐림
제목 : 닭 쫓던 개 지붕 쳐다본다.

오늘은 기다리던 사라의 생일이다.
사라랑 친해지고 싶은 마음에 선물도 골라서
예쁘게 포장하고, 편지까지 써서 학교에 갔다.
그런데 오늘 아침 사라가 민재랑
같이 즐겁게 등교를 하고 있는 게 아닌가?
친구들 얘기를 들어보니 어제 민재가 고백을 했다고 한다.
한 발 늦었다!
고백도 못하고 이렇게 닭 쫓던 개 지붕 쳐다보게 될 줄이야.

한 뼘 플러스+

속담에는 가축과 관련된 이야기가 많아요. 그 중 닭과 관련된 속담도 다양하지요. 어떤 일을 해 놓고 시치미를 뗄 때 '닭 잡아먹고 오리발 내민다'고 하고, 서로 관심없이 덤덤히 지내는 것을 두고 '소 닭 보듯, 닭 소 보듯'이라고 표현합니다. 필요한 것이 없을 때, 비슷한 다른 것으로 대신하는 경우를 두고 '꿩 대신 닭'이라고 말합니다.

공부한 날짜 월 일 확인

따라 써 볼까?

닭		쫒	던		개		지	붕		쳐	다	본
다	.											

무슨 뜻일까?

애쓰던 일이 실패로 돌아가거나 남보다 뒤떨어져 어찌 할 도리가 없다.

다시 써 볼까?

닭 쫒던 개 지붕 쳐다본다.

공감 플러스+

- 애써 하던 일이 어쩔 도리 없이 실패로 돌아가게 된 경험이 있었나요? 어떤 일이었는지 간단히 써 보아요.

18

도토리 키 재기

외모나 실력 등이 비슷비슷하여 비교해 볼 필요가 없음.

크기가 고만고만하게 작은 도토리들은 키를 재 보았자 별 차이가 없겠지요? 비슷비슷한 사람끼리 서로 경쟁하거나 다툴 때, 별 차이가 없어 비교해 볼 필요가 없다는 뜻이에요.

한 뼘 플러스+

참나무의 열매인 도토리는 가을 산행에서 쉽게 만날 수 있는 식물입니다. 떫은 맛을 없앤 뒤 녹말을 넣어 묵을 쒀 먹기도 해요. 하지만 산행에서 만나는 도토리는 다람쥐에게 양보하는 것이 좋아요. 산에서 겨울을 나야 하는 다람쥐들에게 도토리는 매우 귀중한 식량이기 때문이에요.

따라 써 볼까?

도	토	리		키		재	기	.				

무슨 뜻일까?

외모나 실력 등이 비슷비슷하여 비교해 볼 필요가 없음.

다시 써 볼까?

도토리 키 재기.

공감 플러스+

- 서로 비슷한 상황이나 조건에서 경쟁을 한 경험이 있나요? 어떤 상황이었는지 이야기해 보아요.

19 독 안에 든 쥐

아무리 애써도 궁지를 벗어날 수 없는 경우.

독은 음식을 보관하기 위해 만든 긴 항아리를 말해요. 깊은 항아리에 갇힌 작은 쥐가 있어요. 쥐는 아무리 항아리의 옆면을 타고 기어오르려 애써도 미끄러지기만 할 뿐 항아리를 벗어날 수가 없어요. 이렇듯 아무리 애써도 궁지(매우 곤란하고 어려운 일을 당한 처지)를 벗어날 수 없는 경우를 두고 '독 안에 든 쥐'라고 표현합니다.

한 뼘 플러스+

속담에는 쥐와 관련된 비유적인 표현이 상당히 많아요. 매우 조용한 상태를 두고 '쥐 죽은 듯 조용하다'라고 표현해요. 몹시 힘든 상황을 겪고 있지만 언젠가는 운수가 통하는 날이 있다고 위로할 때엔 '쥐구멍에도 볕 들 날 있다'라고 말합니다. 또 속으로는 해칠 마음을 갖고 있으면서 잘 해주는 척 할 때 '고양이 쥐 생각한다'라고 비꼬아 표현하기도 합니다.

공부한 날짜 월 일 확인

따라 써 볼까?

독		안	에		든		쥐	.				

무슨 뜻일까?

아무리 애써도 궁지를 벗어날 수 없는 경우.

다시 써 볼까?

독 안에 든 쥐.

공감 플러스+

- 어려움에 처해서 누군가의 도움이 필요했던 적이 있었나요? 어떤 경우였는지 간단히 써 보아요.

20 돌다리도 두들겨 보고 건너라

확실하다고 생각되는 일도 다시 한번 확인하고 조심하라.

많이 해 본 일이니까, 쉬운 일이니까, 잘 아는 일이니까 괜찮을 거라고 생각해 본 적 있지요? 하지만 큰 사고는 이런 작은 방심에서 시작됩니다. 아무리 내가 잘 아는 일이라도 실수가 없도록 하려면 깊이 생각하고 곰곰이 생각하는 '심사숙고(深思熟考)'의 자세가 필요합니다.

한 뼘 플러스+

'원수는 외나무다리에서 만난다'라는 속담 들어 봤나요? 피할 수 없는 공간에서 만나기 꺼려지는 사람을 만나게 되는 경우를 말해요. 외나무다리는 이름 그대로 나무 한 그루를 덜렁 베어서 가로로 놓아 물을 건널 수 있게 해 주는 다리를 말해요. 또 징검다리는 개울물이 차 있는 곳에 디딤돌을 듬성듬성 두어 건널 수 있게 만든 다리를 일컬어요.

공부한 날짜 월 일 확인

따라 써 볼까?

돌	다	리	도		두	들	겨		보	고		건
너	라	.										

무슨 뜻일까?

확실하다고 생각되는 일도 다시 한번 확인하고 조심하라.

다시 써 볼까?

돌다리도 두들겨 보고 건너라.

공감 플러스+

- 잘했다고 생각했지만 생각보다 실수가 많았던 적이 있지요? 간단히 써 보아요.

실력 뽐내기 퀴즈

다음 초성을 참고하여 정답을 써 봅시다.

1. ㄲ 먹고, ㅇ 먹고. 정답 ☐, ☐
2. ㄷ 안에 든 ㅈ . 정답 ☐, ☐
3. 누워서 ㅊ 뱉기. 정답 ☐
4. 남의 손의 ㄸ 이 더 커 보인다. 정답 ☐
4. ㄷ ㄷ ㄹ 도 두들겨 보고 건너라. 정답 ☐☐☐

다음 괄호에서 바른 맞춤법을 찾아서 ○표 해봅시다.

1. 낫 놓고 (기역 자, 기억 자)도 모른다.
2. 닭 (쫒던, 쫓던)개 지붕 쳐다 본다.
3. 도토리 키 (재기, 제기).
4. 낮 말은 새가 (듯고, 듣고) 밤 말은 쥐가 (듯는다, 듣는다).
5. 달면 삼키고 쓰면 (뱉는다, 뱃는다).

속담과 뜻이 어울리는 것을 골라 선긋기를 해 봅시다.

1 독 안에 든 쥐.	아무리 애써도 궁지를 벗어날 수 없는 경우.
2 낮 말은 새가 듣고 밤 말은 쥐가 듣는다.	비밀스럽게 한 말도 남의 귀에 들어가기 쉬우니 항상 말조심하라.
3 낫 놓고 기역 자도 모른다.	무식해서 아무것도 알지 못한다.
4 누워서 침 뱉기.	옳고 그름을 따지지 않고 자신의 이익만 꾀함.
5 달면 삼키고 쓰면 뱉는다.	남에게 해를 입히려고 한 일이 도리어 내게 해가 될 때.

퀴즈의 정답은 124쪽에 있습니다

21 됩성부른 나무는 떡잎부터 알아본다

장래에 크게 될 사람은 어릴 때부터 남다르다.

'될성부른 나무'는 앞으로 커서 잘 쓰이게 될 훌륭한 나무를 뜻합니다. 이런 나무는 씨앗이 터서 처음 나오는 떡잎부터 건강하고 푸릇푸릇하다고 해요. 즉, 어릴 때부터 남다른 재능과 인성 등을 가진 사람을 두고 칭찬할 때나 반대의 경우 비아냥거릴 때에도 사용합니다.

한 뼘 플러스+

떡잎은 씨앗이 싹터서 처음 나오는 잎으로, 양분을 저장하고 있는 잎을 말해요. 떡잎이 두 장인 식물은 '쌍떡잎 식물'이라고 해요. 대표적인 쌍떡잎 식물에는 강낭콩, 봉선화, 민들레, 해바라기 등이 있어요. 떡잎이 한 장인 식물은 '외떡잎 식물'이라고 하고 벼, 보리, 백합, 옥수수 등이 있어요.

따라 써 볼까?

될	성	부	른		나	무	는		떡	잎	부	터
알	아	본	다	.								

무슨 뜻일까?

장래에 크게 될 사람은 어릴 때부터 남다르다.

다시 써 볼까?

될성부른 나무는 떡잎부터 알아본다.

공감 플러스+

- 주변 친구들 중에 칭찬하고 싶은 남다른 재주나 인성 등을 가진 사람이 있나요? 소개해 보아요.

22 등잔 밑이 어둡다

아주 가까이 있는데 찾거나 알아보지 못한다.

전기가 없던 시절, 어두운 곳을 밝히기 위해 등잔을 사용했어요. 등잔불 주변은 밝지만 등잔 밑은 불빛의 그림자나 등잔대의 그림자에 가려져 오히려 어두웠지요. 이처럼 주로 가까운 곳에 해결책이있는데도 알아보지 못하고 헤매는 경우에 이 속담을 사용합니다.

한 뼘 플러스+

등잔과 호롱은 전기가 없던 시절, 기름에 심지로 불을 붙여 사용한 일종의 조명 도구입니다. 하지만 기름조차 사용할 수 없을 정도로 형편이 어려운 경우에는 어떻게 했을까요? 여러 마리 반딧불이를 천 주머니에 담아 그 빛으로 책을 읽거나 하얀 눈밭에 책을 비추어 보는 경우도 있었다고 해요. 이렇게 어려운 처지에서 힘들게 공부하는 경우를 두고 사자성어로 '형설지공(螢雪之功)'이라고 합니다.

공부한 날짜 월 일 확인

따라 써 볼까?

등	잔		밑	이		어	둡	다	.			

무슨 뜻일까?

아주 가까이 있는데 찾거나 알아보지 못한다.

다시 써 볼까?

등잔 밑 이 어둡다.

공감 플러스+

- 주변에 해결책이 바로 옆에 있었는데 방법을 몰라 이리저리 헤맨 적이 있죠? 그 경험을 나누어 보아요.

23 땅 짚고 헤엄치기

너무 쉬운 일, 어떤 일이 의심할 여지 없이 확실하다.

깊은 물에서 헤엄치는 것은 어려울 수 있지만, 얕은 물에서 땅을 짚고 헤엄치는 것은 쉬운 일이겠죠? 더구나 물에 빠질 일도 없으니 확실히 안전하고요. 그래서 '땅 짚고 헤엄치기'는 너무 쉬운 일을 비유적으로 표현할 때 사용합니다.

한 뼘 플러스+

'짚다'와 '집다'는 발음 소리는 같지만, 받침과 뜻은 다릅니다. '짚다'는 바닥이나 벽, 몸에 손을 대는 것 혹은 손으로 이마나 머리 따위를 가볍게 눌러대는 것을 뜻합니다. '할아버지가 지팡이를 짚고 서 있다' 혹은 '열이 나는지 손으로 이마를 짚어 보다' 등과 같이 쓰입니다. 반면 '집다'는 손가락이나 기구로 물건을 마주 잡아 드는 것을 뜻합니다. '연필을 집다' 혹은 '젓가락으로 반찬을 집다'와 같이 사용합니다.

따라 써 볼까?

땅		짚	고		헤	엄	치	기	.			

무슨 뜻일까?

너무나 쉬운 일, 어떤 일이 의심할 여지 없이 확실하다.

다시 써 볼까?

땅 짚고 헤엄치기.

공감 플러스+

- 이제까지 경험한 일 중 가장 쉬웠던 일은 무엇이었나요? 두 가지만 써 보아요.

24

똥 묻은 개가 겨 묻은 개 나무란다

자기 흉이 더 크면서 도리어 남의 작은 흉을 본다.

겨는 곡식의 알맹이를 남기고 벗겨 낸 껍질을 말해요. 냄새 나는 똥보다 겨가 더러울 리 없는데도 똥 묻은 개가 겨 묻은 개를 보고 더럽다며 흉을 본다는 거예요. 자신의 단점이나 허물(잘못 저지른 실수)은 생각하지 않고 남의 작은 단점과 허물을 비웃는 경우를 말합니다. 남의 단점을 들추기 전에 내 허물은 없는지 살펴봐야겠지요?

한 뼘 플러스+

'제 눈의 대들보는 못 보고 남의 눈에 티끌은 본다'는 표현이 있습니다. 대들보는 한옥집에서 기둥과 기둥 사이에 힘을 받기 위해 가로질러 놓은 큰 나무를 말합니다. 그에 비해 티끌은 아주 작은 먼지를 말하고요. 남의 작은 단점은 잘 보면서 정작 자기 자신의 큰 단점을 보지 못한다는 뜻입니다. 똥 묻은 개가 겨 묻은 개 나무라는 상황과 비슷하지요?

공부한 날짜 월 일 확인

따라 써 볼까?

똥		묻	은		개	가		겨		묻	은	
개		나	무	란	다	.						

무슨 뜻일까?

자기 흉이 크면서 도리어 남의 작은 흉을 본다.

다시 써 볼까?

똥 묻은 개 가 겨 묻은 개 나무란다.

공감 플러스+

- 누군가가 여러 사람 앞에서 나의 단점을 들춰낸다면 어떤 생각이 들까요? 내 생각을 써 보아요.

25 뛰는 놈 위에 나는 놈 있다

아무리 재주가 뛰어나도 그보다 더 뛰어난 사람이 있다.

내가 아무리 잘났어도 세상에는 나 보다 더 잘난 사람도 있으니 항상 겸손할 줄 알아야 한다는 뜻입니다. 세상은 다양한 사람이 모여 살고, 저마다 뛰어난 재주 또한 갖고 있기 때문에 아무리 잘난 사람이라도 결코 자만해서는 안 되겠지요?

한 뼘 플러스+

달리기를 가장 잘하는 동물은 치타예요. 달리기 최고 속도가 시속 110 킬로미터까지 된다고 합니다. 그럼 하늘을 나는 새 중 가장 빠른 새는 무엇일까요? 바로 송골매인데요. 송골매가 먹이를 잡기 위해 하강할 때의 최고 속도는 시속 389 킬로미터나 된다고 하네요. 그야말로 뛰는 치타 위에 나는 송골매라고 할 수 있겠네요.

공부한 날짜 월 일 확인

따라 써 볼까?

뛰	는		놈		위	에		나	는		놈	
있	다	.										

무슨 뜻일까?

아무리 재주가 뛰어나도 그보다 더 뛰어난 사람이 있다.

다시 써 볼까?

뛰는 놈 위에 나는 놈 있다.

공감 플러스+

- 잘하는 게 많은데도 늘 겸손한 친구들이 있지요? 그 친구에게 배울 점이 무엇인지 생각해 봐요.

26 말 한마디로 천냥 빚도 갚는다

말을 잘하면 어려운 일이나 불가능해 보이는 일도 해결할 수 있다.

이 속담에서 '천냥'은 아주 큰 단위의 돈으로, 큰일이나 어려운 일, 불가능한 일을 뜻해요. 말 한마디가 큰 어려움도 해결할 만큼 힘이 크다는 것을 뜻해요. 나의 말 한마디가 상대방의 기분을 좋게 만들 수도 있고, 누군가를 감동시켜 안될 일도 쉽게 풀리게 만들 수 있답니다.

한 뼘 플러스+

화폐가 없던 옛날, 사람들은 물물교환을 하거나 쌀이나 옷감, 은 등을 이용해 필요한 물건을 거래했습니다. 고려 시대부터 외국과의 무역이 늘고 상공업이 발달하며 화폐가 생겨났지만, 여전히 사람들은 화폐를 잘 사용하지 않았다고 해요. 본격적인 화폐 사용은 조선시대 후기에 만들어진 '상평통보'부터 이루어졌어요. 농업에서 상공업 사회로 변화하면서 물건 구매가 많아지자 휴대하기 편한 화폐를 사용하게 된 것이죠.

공부한 날짜 월 일 확인

따라 써 볼까?

말		한	마	디	로		천	냥		빚	도	
갚	는	다	.									

무슨 뜻일까?

말을 잘하면 어려운 일이나 불가능해 보이는 일도 해결할 수 있다.

다시 써 볼까?

말 한마디로 [천냥 빚] 도 갚는다.

공감 플러스+

- 상대방에게 기분 좋은 말을 해서 결과가 좋았던 적이 있었나요? 어떤 상황이었는지 간단히 써 보아요.

27 못 먹는 감 찔러나 본다

내 것으로 만들지 못하는 것은 남도 못 쓰도록 만드는 고약한 심보.

먹고 싶은 탐스러운 감이 있지만 내 것이 아니라서 못 먹을 때, 남도 못 먹도록 그 감을 찔러서 흠집을 낸다는 말이에요. 즉 내 것으로 만들지 못할 바에야 남도 갖지 못하도록 일부러 망가뜨리는 못된 마음을 뜻합니다.

한 뼘 플러스+

가을에 감이 주렁주렁 매달린 탐스러운 감나무를 본 적 있지요? 늦가을이 되면 잘 익은 감을 수확하게 되는데요, 이때 우리 옛 어른들은 감을 다 따지 않고 겨울 동안 까치들이 먹을 수 있도록 조금 남겨 두었답니다. 이런 감을 두고 '까치밥'이라고 해요. 새나 짐승들에게도 나눔을 실천하는 아름다운 전통이지요.

공부한 날짜 월 일 확인

따라 써 볼까?

못		먹	는		감		찔	러	나		본	다.

무슨 뜻일까?

내 것으로 만들지 못하는 것은 남도 못 쓰도록 만드는 고약한 심보.

다시 써 볼까?

못 먹는 감 찔러나 본다.

공감 플러스+

- 내가 갖지 못한다는 이유로 속상해서 남도 못하게 하거나 힘들게 했던 경험이 있었나요?

28 믿는 도끼에 발등 찍힌다

믿고 있던 일이나 사람에게 배신을 당해 해를 입는다.

늘 사용하는 도끼라도 잘못하면 발등을 찍히고 말아요. 잘될 것이라고 생각했던 일이 실패하거나, 믿었던 사람에게 배신 당했을 때 쓰는 말이에요. 아무리 믿고 있던 것이라도 잠깐의 부주의나 실수로 일을 그르칠 수 있으니 항상 조심하라는 뜻으로도 쓰입니다.

한 뼘 플러스+

인류가 가장 먼저 사용했던 도구가 돌로 만든 도끼라는 것 알고 있나요? 구석기인들이 사용했던 주먹도끼라는 도구는 돌을 다듬어 만든 것으로 찢고, 자르고, 찍고, 땅을 파는 등의 기능을 수행하도록 만들었던 인류 최초의 도구입니다. 오늘날의 도끼는 쐐기 모양의 큰 쇠 날의 머리 부분에 구멍을 뚫고 단단한 나무 자루를 박아 만듭니다. 이 도끼는 큰 나무를 찍거나 패는 용도로 활용합니다.

공부한 날짜 월 일 확인

따라 써 볼까?

믿	는		도	끼	에		발	등		찍	힌	다.

무슨 뜻일까?

믿고 있던 일이나 사람에게 배신을 당해 해를 입는다.

다시 써 볼까?

믿는 도끼 에 발등 찍힌다.

공감 플러스+

- 내가 믿었던 사람에게 서운함을 느꼈던 적이 있나요? 어떤 경험이었는지 나누어 보아요.

29 밑 빠진 독에 물 붓기

애써 했지만 아무 보람이 없는 경우.

‘밑이 빠졌다.’는 말은 바닥이 뚫렸다는 뜻이고, ‘독’은 된장, 간장이나 술 등을 담아 저장하는 항아리를 말해요. 구멍 뚫린 항아리에 물을 부으면 아무리 노력해도 물이 차지 않겠지요. 즉 아무리 노력해도 보람이나 성과가 없는 경우에 사용하는 표현입니다.

한 뼘 플러스+

과거 우리나라에서는 된장, 고추장, 간장 등을 독이나 항아리에 담아 야외에 두는 문화가 있었어요. 주로 옹기로 만든 항아리들을 모아 둔 장소를 ‘장독대’라고 해요. 볕이 잘드는 곳에 가지런히 놓인 장독대는 우리 옛 조상들의 식탁과 건강을 책임지는 소중한 공간이었답니다.

공부한 날짜

월 일 확인

따라 써 볼까?

밑		빠	진		독	에		물		붓	기	.

무슨 뜻일까?

애써 했지만 아무 보람이 없는 경우.

다시 써 볼까?

밑 빠진 독 에 물 붓기.

공감 플러스+

- 시험공부를 열심히 했는데 망쳤거나 아무리 애써도 보람이 없었던 적이 있다면 같이 나누어 보아요.

30

바늘 가는 데 실 간다

서로 떨어뜨릴 수 없는 아주 가까운 사이.

옷을 꿰매려면 바늘과 실은 필수입니다. 바늘이 있어도 실이 없다면 아무짝에도 쓸모가 없고, 실이 있어도 바늘이 없으면 바느질을 할 수가 없지요. 그래서 바늘과 실은 늘 함께 있어야만 제 역할을 할 수 있어요. 바늘과 실처럼 서로 꼭 붙어 다니는 사이를 말하는 속담이에요.

한 뼘 플러스+

옷을 직접 손으로 지어 입던 시절에 바늘은 필수품이었어요. 그래서 바늘과 관련된 속담도 다양해요. '바늘 도둑이 소 도둑 된다'는 작은 나쁜 짓도 반복하면 나중에는 큰 죄를 짓게 된다는 말이에요. 그리고 '바늘 구멍으로 하늘 보기'는 좁은 소견이나 관찰을 꼬집는 말이에요. 또한 '바늘 구멍으로 황소 바람 들어온다'는 작은 구멍으로도 엄청나게 센 바람이 들어 온다는 뜻으로, 작은 것도 소홀히 하면 안된다는 뜻으로 사용해요.

따라 써 볼까?

바	늘		가	는		데		실		간	다	.

무슨 뜻일까?

서로 떨어뜨릴 수 없는 아주 가까운 사이.

다시 써 볼까?

바늘 가는 데 실 간다.

공감 플러스+

- 서로 떨어질 수 없는 관계인 친구들이 주변에 있나요? 생각나는 친구의 이름을 써 보아요.

3회

실력 뽐내기 퀴즈

다음 초성을 참고하여 정답을 써 봅시다.

1. 된성부른 [ㄴ][ㅁ]는 [ㄸ][ㅇ]부터 알아본다. 정답 [ ][ ], [ ][ ]
2. [ㄸ][ㄴ] 놈 위에 [ㄴ][ㄴ] 놈 있다. 정답 [ ][ ], [ ][ ]
3. 믿는 [ㄷ][ㄲ]에 발등 찍힌다. 정답 [ ][ ]
4. 못 먹는 감 [ㅉ][ㄹ][ㄴ] 본다. 정답 [ ][ ][ ]
5. [ㅂ][ㄴ]가는 데 [ㅅ] 간다. 정답 [ ][ ], [ ]

다음 괄호에서 바른 맞춤법을 찾아서 ○표 해봅시다.

1. 말 한마디에 천냥 (빚, 빛)도 갚는다.
2. 밑 빠진 독에 물 (붓기, 붙기).
3. 땅 (집고, 짚고) 헤엄치기.
4. 똥 (묻은, 무든)개가 겨 (묻은, 무든)개 나무란다.
5. 등잔 (밎, 밑)이 어둡다.

속담과 뜻이 어울리는 것을 골라 선긋기를 해 봅시다.

1 믿는 도끼에 발등 찍힌다.	● ●	장래에 크게 될 사람은 어릴 때부터 남다르다.
2 될성부른 나무는 떡잎부터 알아본다.	● ●	믿고 있던 일이나 사람에게 배신을 당해 해를 입는다.
3 똥 묻은 개가 겨 묻은 개 나무란다.	● ●	자기 흉이 더 크면서 도리어 남의 작은 흉을 본다.
4 말 한마디에 천냥 빚도 갚는다.	● ●	아무리 재주가 뛰어나도 그보다 더 뛰어난 사람이 있다.
5 뛰는 놈 위에 나는 놈 있다.	● ●	말을 잘하면 어려운 일이나 불가능해 보이는 일도 해결할 수 있다.

♥ 퀴즈의 정답은 124쪽에 있습니다 ♥

31

발 없는 말이 천 리 간다

말은 순식간에 퍼지니 말조심해야 한다.

천 리는 아주 먼 거리를 뜻해요. 그렇게 먼 거리인데도 입에서 한 번 내뱉은 말이 달리는 말보다도 더 빠르게 퍼진다는 뜻입니다. 소문은 빠르게 퍼지기 때문에 말조심을 해야 한다는 뜻으로 쓰여요.

한 뼘 플러스+

거리를 나타내는 단위인 리를 킬로미터로 바꿔 말하면 '천 리'는 약 393킬로미터쯤 됩니다. 서울역에서 부산역까지의 직선 거리가 약 320킬로미터에 달한다고 하니 얼마나 먼 거리인지 알 수 있겠죠? 그 밖에도 쌀의 부피를 잴 때 사용했던 '섬'이라는 단위는 '석'이라고도 불려요. 우리가 잘 아는 심청전에서 언급된 공양미 300석은 54,000리터로, 무게로 환산하면 대략 54톤에 달한다고 합니다.

따라 써 볼까?

발		없	는		말	이		천		리		간
다	.											

무슨 뜻일까?

말은 순식간에 퍼지니 말조심해야 한다.

다시 써 볼까?

발 없는 말 이 천 리 간다.

공감 플러스+

- 어떤 말이나 상황이 나도 모르는 사이 퍼져서 주변 사람들이 다 알게 되는 경우가 있었나요?

32

배보다 배꼽이 크다

기본이 되는 것보다 덧붙여지는 것이 더 많거나 큰 경우.

배에 붙어 있는 배꼽이 배보다 클 수는 없겠죠. 마땅히 커야 할 것이 작고, 마땅히 작아야 할 것이 오히려 클 경우를 비유하여 사용합니다. 선물보다 포장이 훨씬 화려하고 비싼 경우나 사려는 물건보다 배송비가 더 비싼 경우에 쓸 수 있겠지요?

한 뼘 플러스+

우리 몸의 배꼽은 엄마와 내가 연결되었던 중요한 흔적입니다. 사실 배꼽은 평소에 특별한 역할을 하지 않아요. 하지만 엄마 배 속에 있는 태아(어머니 배 속에 있는 아기)는 탯줄로 영양을 공급받아요. 아기가 태어나면 탯줄을 자르는데 남은 탯줄은 자연스럽게 굳어서 떨어지게 됩니다. 배의 한가운데 탯줄을 자른 자국이 남아 있는 것이 바로 배꼽이랍니다.

공부한 날짜 월 일 확인

따라 써 볼까?

배	보	다		배	꼽	이		크	다	.		

무슨 뜻일까?

기본이 되는 것보다 덧붙여지는 것이 더 많거나 큰 경우.

다시 써 볼까?

배보다 [배꼽이] 크다

공감 플러스+

- 배보다 배꼽이 큰 경우가 내 주변에 있었나요? 몇 가지 예를 적어 보아요.

33

백지장도 맞들면 낫다

아무리 쉬운 일이라도 서로 힘을 합치면 훨씬 더 쉽다.

백지장은 흰 종이 한 장을 뜻해요. 흰 종이 한 장처럼 가벼운 것도 다른 사람과 함께 힘을 모아 나눠 들면 도움이 된다는 뜻입니다. 혼자서도 할 수 있는 쉬운 일이라도 친구가 함께 도와준다면 기분도 좋고 기운이 나겠죠? 힘을 합한다는 것은 분명 서로에게 좋은 일이니까요.

한 뼘 플러스+

'낫다', '낳다', '났다'는 쓰임이 완전히 다른 말이에요. '낫다'는 보다 좋거나 앞서 있다는 뜻과 치유한다는 뜻이 있습니다. '내가 너보다 낫다'나 '감기가 낫다'와 같이 쓰입니다. '낳다'는 출산하거나 생산하다는 뜻입니다. '강아지가 새끼를 낳다'나 '훌륭한 성과를 낳다'와 같이 쓰입니다. 마지막으로 '났다'는 발생하거나 생겼다는 뜻입니다. '상처가 났다' 혹은 '얼굴에 여드름 났다'와 같이 쓰입니다.

따라 써 볼까?

백	지	장	도		맞	들	면		낫	다	.		

무슨 뜻일까?

아무리 쉬운 일이라도 서로 힘을 합치면 훨씬 더 쉽다.

다시 써 볼까?

백지장도 맞들면 낫다.

공감 플러스+

• 혼자 할 때보다 힘을 합쳐 더 좋은 결과를 만든 적이 있었다면, 그 상황을 떠올리며 써 보아요.

34 벼는 익을수록 고개를 숙인다

속이 꽉 차고 훌륭한 사람일수록 겸손하다.

벼는 처음에는 꼿꼿하게 자라나지만, 수확철이 되어 충분히 익으면 쌀알이 꽉 차고 무거워져 고개를 숙인 듯한 모양이 됩니다. 이를 두고 사람의 인격이나 지식의 정도가 높아질수록 고개를 숙인 벼처럼 겸손해진다고 비유한 것입니다.

한 뼘 플러스+

'빈 수레가 요란하다'는 표현을 들어 본적 있나요? 짐이 담겨 있는 수레보다 빈 수레가 훨씬 덜컹덜컹 소리가 크다는 표현입니다. 지식이 얕고 별 볼 일 없는 사람일수록 오히려 더 아는 체하고 큰 소리 친다는 뜻이지요. 또 '벼슬은 높이고 뜻은 낮추어라'는 속담이 있습니다. 이는 높은 자리에 앉게 될수록 더욱 겸손해져야 한다는 뜻입니다.

공부한 날짜
월 일 확인

따라 써 볼까?

벼는 익을수록 고개를 숙인다.

무슨 뜻일까?

속이 꽉 차고 훌륭한 사람일수록 겸손하다.

다시 써 볼까?

벼는 익을수록 고개를 숙인다.

공감 플러스+

- 주변에 훌륭하면서도 겸손한 친구가 있다면 소개해 보아요.

35 불난 집에 부채질한다

남의 재앙을 더 크게 만들거나 화난 사람을 더 화나게 한다.

불이 난 곳에 부채질을 하면 어떻게 될까요? 바람을 따라 불이 더 커지며 활활 타오를 거예요. 공연한 말과 행동으로 어려움을 겪고 있는 사람을 도와주기는커녕 더 어렵게 하거나 화나게 만든다는 뜻으로 쓰여요.

한 뼘 플러스+

산소는 불의 좋은 연료입니다. 실제로 불이 붙은 곳에 부채질을 하면 주변의 산소를 더 많이 공급해 주는 효과가 있지요. 불을 피울 때 쉽게 불이 옮겨붙을 수 있도록 먼저 태우는 종이나 마른 나뭇가지 등을 불쏘시개라고 해요. 장작 속 불쏘시개에 부채질을 해 주는 것이 바로 이런 원리 때문이랍니다.

공부한 날짜

월 일 확인

따라 써 볼까?

불	난		집	에		부	채	질	한	다	.	

무슨 뜻일까?

남의 재앙을 더 크게 만들거나 화난 사람을 더 화나게 한다.

다시 써 볼까?

불난 집 에 부채질한다.

공감 플러스+

- '불난 집에 부채질한다' 는 속담에 맞는 상황이 있었다면 간단히 써 보아요.

36 비 온 뒤 땅이 더 굳어진다

어려운 일을 겪고 나면 더 강해진다.

비가 올 때 흙으로 된 땅은 질척거려 걷기 불편합니다. 하지만 비가 그치고 땅이 마르면 흙은 더 단단해지죠. 사람 역시 어려운 일을 겪을수록 성숙해지고 강해질 수 있습니다. 오히려 시련을 겪지 못한 사람은 작은 일에도 무너지는 경우가 있어요. 힘든 일이 찾아왔을 때 지금의 시련이 나를 더욱 단단한 사람으로 만들어 줄 거라 생각하고 용기를 잃지 마세요.

한 뼘 플러스+

비 오는 날엔 왜 지렁이를 자주 볼 수 있을까요? 비가 오면 땅에 물이 흡수되면서 땅을 이루는 작은 흙 입자들이 휩쓸리며 틈이 채워집니다. 비어 있던 흙 사이 공간이 채워지며 땅은 단단해지는 거예요. 그러나 흙 속에 살던 지렁이는 공간이 없어지니 숨쉬기가 힘들어지겠지요? 그래서 비 오는 날 지렁이들이 땅 위로 나오게 된답니다.

따라 써 볼까?

비		온		뒤		땅	이		더		굳	어
진	다	.										

무슨 뜻일까?

어려운 일을 겪고 나면 더 강해진다.

다시 써 볼까?

비 온 뒤 땅이 더 굳어진다.

공감 플러스+

- 친구와 싸우고 화해한 후 더 친하게 지낸 적이 있나요?

37 사공이 많으면 배가 산으로 간다

참견하는 사람이 많으면 일이 잘되기 어렵다.

사공은 배의 주인이며 노를 저어 배를 운반하는 직업을 말합니다. 배는 하나인데 뱃사공이 여럿이라면 각자 자기 주장대로 배를 몰려고 해서 엉뚱한 곳으로 가게 될 거예요. 어떤 목표를 위해 앞으로 나아갈 때 참견하는 사람이 너무 많으면 중심을 잃고 이리저리 흔들리게 된다는 뜻입니다.

한 뼘 플러스+

뱃사공은 서울 주변에서 1960년대~1970년대까지 남아 있던 직업이었습니다. 하지만 산업화로 강 위에 다리가 만들어지고 자동차가 달리게 되면서 지금은 볼 수 없게 되었어요. 배를 타고 내리던 강가를 나루터라고 하는데요, 마포, 영등포, 노량진 그리고 순우리말 지명인 잠실나루, 광나루, 여의나루 등은 바로 옛날에 나루터가 있던 곳이랍니다.

공부한 날짜
월 일 확인

따라 써 볼까?

사	공	이		많	으	면		배	가		산	으
로		간	다	.								

무슨 뜻일까?

참견하는 사람이 많으면 일이 잘되기 어렵다.

다시 써 볼까?

사공이 많으면 배가 산으로 간다.

공감 플러스+

- '사공이 많으면 배가 산으로 간다'는 속담에 맞는 상황을 떠올려 보고 그것을 간단히 써 보아요.

38 세 살 버릇 여든까지 간다

어렸을 때 버릇은 늙어서도 고치기 어렵다.

속담에서 말하는 '여든'은 80살을 의미해요. 세 살 버릇이 무려 80살까지 간다는 말은 그만큼 어릴 때부터 몸에 밴 습관은 좀처럼 고치기 어렵다는 뜻이에요. 그러니 처음부터 좋은 습관을 갖는 것이 중요하겠지요?

한 뼘 플러스+

우리말 숫자 표현을 배워 볼까요? 10은 열, 20은 스물, 30은 서른, 40은 마흔, 50은 쉰이라고 하는 건 다들 잘 알고 있지요? 하지만 60부터는 조금 익숙하지 않을 수 있어요. 60은 예순, 70은 일흔, 80은 여든, 90은 아흔, 100은 온이라고 합니다. 부모님과 할머니, 할아버지의 나이를 우리말로 알아보면 잘 기억할 수 있을 거예요.

공부한 날짜
월 일 확인

따라 써 볼까?

세		살		버	릇		여	든	까	지		간
다	.											

무슨 뜻일까?

어렸을 때 버릇은 늙어서도 고치기 어렵다.

다시 써 볼까?

세 살 버릇 여든까지 간다.

공감 플러스+

- 나의 생활 습관 중 지속되고 있는 버릇이 있나요? 좋은 버릇인지 나쁜 버릇인지 생각해 보아요.

39 소 잃고 외양간 고친다

일이 잘못된 이후에는 후회해도 소용이 없다.

외양간은 말과 소를 기르던 곳입니다. 소는 농사에 도움을 주는 아주 소중한 재산이었어요. 외양간이 망가지고 허물어졌다면 소가 도망갈 수도 있고, 도둑맞을 수도 있죠. 이미 소중한 소를 잃은 이후에 망가진 외양간을 고쳐 봤자 이미 그르친 일을 되돌릴 수 없다는 뜻입니다.

날짜: 7월 4일 금요일
날씨: 흐림. 가끔씩 비
제목: 소 잃고 외양간 고친다

숙제로 내 얼굴 그리기를 했다.
물감으로 바탕까지 열심히 칠하고 나니까 너무 뿌듯했다.
엄마도 내 작품이 정말 멋있다고 칭찬하시며
물감과 그림을 책상 위로 치워 두라고 말씀하셨다.
그런데 내가 잠깐 간식을 먹으러 나온 사이, 멍순이가 내 방으로 들어가는 게 보였다.
불길한 생각에 바로 뒤쫓아 갔다.
하지만 내 그림은 멍순이 발자국으로 엉망이 되어 있었다.
후회해 봤자 이미 늦었다.

한 뼘 플러스+

농사를 짓던 과거에 소는 무엇보다 중요한 가축이었어요. 밭의 흙을 부드럽게 갈아엎어 주는 힘든 농사일도 소가 대신했고, 짐이나 사람을 싣고 멀리 이동하는 역할을 하기도 했습니다. 소가 낳은 새끼를 팔면 큰돈이 되기도 했고요. 뿐만 아니라 튼튼하고 질긴 소가죽은 의복과 다양한 생활 물품의 재료가 되어 주었고, 소의 고기와 뼈 등은 버릴 것 하나 없는 귀중한 먹거리로 활용된답니다.

공부한 날짜 월 일 확인

따라 써 볼까?

소		잃	고		외	양	간		고	친	다	.

무슨 뜻일까?

일이 잘못된 이후에는 후회해도 소용이 없다.

다시 써 볼까?

소 잃고 외양간 고친다.

공감 플러스+

- 어떤 일이 일어나고 난 후엔 고쳐봐야 소용이 없지요. 가장 최근에 후회한 일이 무엇이었는지 떠올려 봐요.

40 수박 겉 핥기

사물이나 사건의 진짜 속은 모르고 겉만 건드린다.

더운 여름날 빨갛게 잘 익어 달콤한 수박이 있어요. 그런데 수박의 껍질만 핥으면 얼마나 시원하고 달콤한지 알 수 없겠죠? 겉만 핥는 것으로는 진짜 수박을 먹었다고 할 수 없듯이 제대로 이해하려 하지 않고 대충 살펴보는 것으로는 좋은 성과를 얻기 어렵다는 뜻을 담고 있습니다.

한 뼘 플러스+

'수박 겉 핥기'와 비슷한 속담으로 '수박은 쪼개서 먹어봐야 안다'가 있습니다. 수박 껍질을 겉에서 보는 것만으로는 진짜 속 맛을 알 수 없다는 의미입니다. 또 사자성어로는 '주마간산(走馬看山)'이 있습니다. 빠르게 달리는 말에 앉아서 산을 본다는 뜻으로 휙휙 지나가는 풍경을 대충대충 훑어보는 것에 그치는 것을 표현합니다.

공부한 날짜

월 일 확인

따라 써 볼까?

수	박		겉		핥	기	.					

무슨 뜻일까?

사물이나 사건의 진짜 속은 모르고 겉만 건드린다.

다시 써 볼까?

수박 겉 핥기.

공감 플러스+

- 대충 살펴보는 것으로는 좋은 성과를 얻기 어려워요. 이런 경험이 있는지 떠올려 보아요.

실력 뽐내기 퀴즈

다음 초성을 참고하여 정답을 써 봅시다.

1. ㅂ 보다 ㅂ ㄲ 이 더 크다. 정답 ☐, ☐☐
2. 벼는 익을수록 ㄱ ㄱ 를 숙인다. 정답 ☐☐
3. ㅂ 없는 말이 천 리 간다. 정답 ☐
4. ㅅ ㄱ 이 많으면 배가 ㅅ 으로 간다. 정답 ☐☐, ☐
5. 세 살 버릇 ㅇ ㄷ 까지 간다. 정답 ☐☐

다음 괄호에서 바른 맞춤법을 찾아서 ○표 해봅시다.

1. 수박 겉 (핥기, 핧기).
2. 소 (잃고, 잃고) 외양간 고친다.
3. 백지장도 (맞들면, 맛들면) 낫다.
4. 비 온 뒤 땅이 더 (굳어진다, 구더진다).
5. 불난 집에 (부체질, 부채질) 한다.

속담과 뜻이 어울리는 것을 골라 선긋기를 해 봅시다.

1. 사공이 많으면 배가 산으로 간다.
2. 소 잃고 외양간 고친다.
3. 수박 겉 핥기
4. 불난 집에 부채질한다.
5. 백지장도 맞들면 낫다.

- 아무리 쉬운 일이라도 서로 힘을 합치면 훨씬 쉽다.
- 남의 재앙을 더 크게 만들거나 화난 사람을 더 화나게 한다.
- 참견하는 사람이 많으면 일이 잘되기 어렵다.
- 일이 잘못된 이후에는 후회해도 소용이 없다.
- 사물이나 사건의 진짜 속은 모르고 겉만 건드린다.

♥ 퀴즈의 정답은 125쪽에 있습니다 ♥

41 아니 땐 굴뚝에 연기 날까

어떤 결과에는 반드시 원인이 있다.

아궁이와 굴뚝은 연결되어 있어요. 아궁이에서 불을 지피면 굴뚝을 통해 연기가 빠져나가지요. 굴뚝에서 연기가 나온다는 것은 곧 아궁이에 불을 폈다는 것이고, 불을 지피지 않았다면 연기도 없겠죠. 이는 원인이 있으니 결과가 있다는 뜻으로 사용됩니다.

한 뼘 플러스+

온돌은 우리나라의 고유한 난방 방식입니다. 아궁이에 불을 때면, 열기가 방바닥 아래의 빈 공간을 지나며 구들장을 데우고 구들장의 열기가 방 전체에 전달되어 난방이 되는 방식이지요. 여기서 구들장은 방바닥 아래에 깔아 열기를 머금게 하는 크고 넓적한 돌을 말해요. 그리고 아궁이에서 불을 때서 만들어진 연기는 굴뚝으로 빠져나가지요.

공부한 날짜 월 일 확인

따라 써 볼까?

아	니		땐		굴	뚝	에		연	기		날
까	.											

무슨 뜻일까?

어떤 결과에는 반드시 원인이 있다.

다시 써 볼까?

아니 땐 굴뚝에 연기 날까.

공감 플러스+

- 어떤 결과에는 반드시 원인이 있어요. 비슷한 나의 경험을 공유해 보아요.

42

언 발에 오줌 누기

급한 상황에 끼워 맞춰 해결해도 그 효력이 오래가지 못할 때.

추운 날 꽁꽁 언 발을 녹이려고 오줌을 누면 오줌의 온기로 아주 잠시 동안 발이 따뜻해져요. 하지만 이내 온기는 날아가고 젖은 발은 오히려 더 차갑게 얼게 되겠죠. 일이 벌어졌을 때 근본 원인을 찾지 않고 임시방편으로 해결하려고 하면 결국 더 악화될 수 있다는 뜻입니다.

한 뼘 플러스+

고체, 액체, 기체는 각 물체의 상태에 따라 열 전달 속도가 달라요. 그중 액체는 기체보다 열 전달 속도가 빠르답니다. 같은 원리로 추운 날씨에 액체는 차가운 공기보다 냉기를 전달하는 속도가 훨씬 빠릅니다. 따라서 겨울에 젖은 발로 다니면 쉽게 동상에 걸리게 되지요. 오랜 경험을 바탕으로 만들어진 속담 속에는 우리가 미처 알지 못했던 자연의 원리와 법칙이 숨어 있네요.

공부한 날짜

월 일 확인

따라 써 볼까?

언 발에 오줌 누기.

무슨 뜻일까?

급한 상황에 끼워 맞춰 해결해도 그 효력이 오래가지 못할 때.

다시 써 볼까?

언 발 에 오줌 누기.

공감 플러스+

- 일이 벌어졌을 때 근본 원인을 찾지 않고 임시로 해결하려다 더 큰일이 생겼던 경험을 써 보아요.

43 우물 안 개구리

넓은 세상을 알지 못해서 견문이 좁은 경우

수도 시설이 없던 옛날, 물을 사용하기 위해 땅을 파서 지하수가 고이게 한 곳을 우물이라고 해요. 우물의 폭은 성인이 두 팔을 벌린 정도쯤이었는데 아주 깊게 파서 사용했어요. 우물 안에 살고 있는 개구리는 넓은 바깥 세상을 구경하지 못했겠지요? 그래서 경험이 없어 견문(보고 들은 것)이 좁은데도 주변에 관심이 없는 경우를 '우물 안 개구리'라고 표현합니다.

한 뼘 플러스+

아주 작은 바늘 구멍으로는 넓은 하늘을 볼 수 없어요. 좁은 생각과 부족한 경험으로 전체를 아울러 보지 못하는 경우를 두고 '바늘 구멍으로 하늘 보기'라고 합니다. 다양한 생각과 문화를 모른 채 자기가 아는 것 안에서만 세상을 판단하는 경우를 두고 하는 표현입니다.

공부한 날짜

월 일 확인

따라 써 볼까?

우	물		안		개	구	리	.				

무슨 뜻일까?

넓은 세상을 알지 못해서 견문이 좁은 경우.

다시 써 볼까?

우물 안 개구리.

공감 플러스+

- '우물 안 개구리' 같은 상황에서 벗어나기 위한 방법에는 무엇이 있을까요? 한 가지만 써 보아요.

44

웃는 낯에 침 못 뱉는다

좋게 대하는 사람에게 나쁘게 대할 수 없다.

마음에 들지 않는 행동을 했더라도 그 사람이 평소 친절하고 다정했던 친구라면 쉽게 화내기 어려울 때가 있어요. 잘못이나 실수를 저질렀어도 웃는 얼굴로 대하는 사람에게는 차마 나쁘게 굴지 못한다는 뜻입니다.

한 뼘 플러스+

발음은 모두 같지만 뜻은 다른 '낯,' '낮,' '낫,' '낱'에 대해 배워 봅시다. '낯이 익다'는 표현에서 '낯'은 얼굴이라는 뜻입니다. '낮은 덥다'의 '낮'은 해가 떠 있는 시간을 말해요. '낫 놓고 기역자도 모른다'는 속담에서의 '낫'은 곡식과 풀 따위를 베는 데 사용하는 농기구입니다. 마지막으로 '낱개' '낱말'등에서의 '낱'은 셀 수 있는 물건이나 단위의 하나하나를 의미합니다.

따라 써 볼까?

웃	는		낯	에		침		못		뱉	는	다.

무슨 뜻일까?

좋게 대하는 사람에게 나쁘게 대할 수 없다.

다시 써 볼까?

웃는 낯 에 침 못 뱉는다.

공감 플러스+

• 늘 친절하게 웃는 친구를 대할 때는 기분이 좋아지죠? 그런 친구가 있다면 친구의 이야기를 써 보아요.

45 원숭이도 나무에서 떨어진다

아무리 익숙하게 잘 하는 것도 실수할 수 있다.

원숭이는 나무타기의 달인입니다. 하지만 그런 원숭이조차도 나무에서 떨어진다니, 누구나 실수할 때가 있다는 뜻입니다. 여러분도 자신만만했던 일이 생각처럼 안 풀린 적이 있을 거예요. 아무리 능숙한 사람도 이따금 실수를 할 수 있으니, 실수 때문에 너무 기죽을 필요는 없어요.

한 뼘 플러스+

닭이 푸드득 날아서 나무 막대에 앉는 장면을 본 적 있나요? 장대 위에서 '꼬끼오' 하고 외치는 모습도 본 적 있을 거예요. 닭장 속 닭이 올라앉을 수 있게 가로질러 놓은 나무 막대를 '홰'라고 합니다. 하루에도 몇 번씩 닭이 오르락내리락하는 곳인데도 '닭도 홰에서 떨어지는 날이 있다'는 속담이 있습니다. 이 또한 원숭이가 나무에서 떨어지는 것과 같은 뜻이랍니다.

공부한 날짜 월 일 확인

따라 써 볼까?

원	숭	이	도		나	무	에	서		떨	어	진
다	.											

무슨 뜻일까?

아무리 익숙하게 잘 하는 것도 실수할 수 있다.

다시 써 볼까?

원숭이도 나무에서 떨어진다.

공감 플러스+

- 아무리 잘하고 익숙한 것이라도 가끔 실수할 때가 있는데요. 이런 경험이 있다면 간단히 써 보아요.

46 입에 쓴 약이 병에 좋다

충고나 비판은 당장은 듣기 싫지만 나를 갈고닦는 데 도움이 된다.

몸이 아플 때는 약을 먹어야겠죠. 약이 쓰다고 피하면 병을 키우고 더 아프게 될지도 모르니까요. 누군가 나에게 충고를 해 주거나 고쳐야 하는 단점을 이야기해 준다면 듣기 싫을 거예요. 하지만 입에 쓴 약이 결국 내 몸을 고쳐 주듯이, 다른 사람의 따끔한 말을 잘 새겨들으면 보다 훌륭한 사람이 될 수 있을 거예요.

한 뼘 플러스+

약과 관련된 속담들을 함께 배워 볼까요? '개똥도 약에 쓰려면 없다'라는 속담이 있어요. 평소에 흔하게 보이던 것도 막상 구하려면 찾기 어렵다는 뜻입니다. 그리고 '밥이 약보다 낫다'는 속담은 아무리 몸에 좋은 약이 있더라도 건강에는 밥이 기본이라는 뜻이랍니다.

공부한 날짜 월 일 확인

따라 써 볼까?

입	에		쓴		약	이		병	에		좋	다.

무슨 뜻일까?

충고나 비판은 당장은 듣기 싫지만 나를 갈고닦는 데 도움이 된다.

다시 써 볼까?

입에 쓴 약 이 병에 좋다.

공감 플러스+

• 부모님이 나에게 가장 자주 하는 충고 말씀은 무엇인가요? 간단히 써 보아요.

47

작은 고추가 맵다

몸집이 작은 사람이 큰 사람보다 오히려 단단하고 재주가 뛰어난 경우.

매콤한 맛을 내는 고추의 종류는 풋고추, 오이고추, 꽈리고추, 청양고추 등 다양합니다. 이 중에서 가장 매운 고추는 가장 크기가 작은 청양고추입니다. 예로부터 몸집이 작은 사람이 행동도 빠르고, 야무진 경우가 많아 이와 같은 말이 생겼답니다.

한 뼘 플러스+

요즘은 매운 음식을 잘 먹는 것에 대해서도 자부심을 갖고 있는 사람들이 있는데요. 우리가 음식을 먹을 때 맛을 느끼게 해 주는 혀는 주로 단맛, 짠맛, 신맛, 쓴맛을 느끼는 감각으로 이루어져 있다고 합니다. 떡볶이 같은 매콤한 음식은 맛을 느끼는 것이 아니라, 사실은 혀가 아픔을 느끼는 통각(痛覺)이 자극되는 것이라고 하네요.

공부한 날짜 월 일 확인

따라 써 볼까?

작	은		고	추	가		맵	다	.			

무슨 뜻일까?

몸집이 작은 사람이 큰 사람보다 오히려 단단하고 재주가 뛰어난 경우.

다시 써 볼까?

작은 고추가 맵다.

공감 플러스+

- 내 주변에도 몸집이 작지만 뭐든 잘하는 친구가 있나요? 친구의 장점을 써 보아요.

48

지렁이도 밟으면 꿈틀한다

아무리 힘없고 약한 사람도 업신여기면 가만있지 않는다.

평소 좀처럼 화를 내지 않는 친구들이 있어요. 하지만 그런 친구들이 한 번 화를 내면 정말 무섭지요. 힘이 없고 억압받는 사람도 업신여기면 화를 낸다는 뜻이고, 하찮아 보이는 생물이라도 함부로 대하면 안 된다는 뜻도 품고 있습니다.

한 뼘 플러스+

지렁이는 생긴 모양은 징그럽지만 지구의 토양을 건강하게 지켜 주는 파수꾼입니다. 지렁이는 낙엽이나 동물의 배설물을 먹고 분해한 다음 배출해 땅을 비옥하게 만들어 줍니다. 또한 흙 속을 기어다니며 영양분을 운반하고 땅을 부드럽게 만들어 주기 때문에 농사에 소중한 생물이랍니다.

공부한 날짜 월 일 확인

따라 써 볼까?

지	렁	이	도		밟	으	면		꿈	틀	한	다.

무슨 뜻일까?

아무리 힘없고 약한 사람도 업신여기면 가만있지 않는다.

다시 써 볼까?

지렁이도 밟으면 꿈틀한다.

공감 플러스+

- '지렁이도 밟으면 꿈틀한다' 속담에 해당하는 경험을 해 본 적 있다면 함께 공유해 봐요.

49 콩 심은 데 콩 나고, 팥 심은 데 팥 난다

모든 일에는 원인에 따라 결과가 나타난다.

콩을 심었는데 팥이 나오고, 팥을 심었는데 콩이 나올 수는 없어요. 모든 결과에는 그에 맞는 원인이 있습니다. 노력하면 반드시 노력한 만큼의 결과가 나온다는 뜻으로, 한마디로 말하면 '뿌린대로 거둔다'라고 할 수 있겠네요.

한 뼘 플러스+

우리 조상들은 경사스러운 일이 있거나 재앙이 있을 때 팥으로 만든 음식을 먹는 풍습이 있었어요. 일년 중 밤이 가장 길고 낮이 가장 짧은 '동지'에는 팥죽을 쑤어서 먹으며 붉은 색을 무서워하는 잡귀들을 물리친다고 생각했지요. 오늘날에도 사업이 번성하라고 기원하는 '고사'를 지낼 때도 팥떡을 만들어 먹곤 합니다.

따라 써 볼까?

콩		심	은	데		콩		나	고	,		팥
심	은		데		팥		난	다	.			

무슨 뜻일까?

모든 일에는 원인에 따라 결과가 나타난다.

다시 써 볼까?

콩 심은 데 콩 나고, 팥 심은 데 팥 난다.

공감 플러스+

- 내가 열심히 노력해서 얻고 싶은 결과가 있나요? 간단히 써 보아요.

50 하늘이 무너져도 솟아날 구멍이 있다

아무리 어려운 상황에 처해도 헤쳐 나갈 방도가 있다.

하늘이 무너지는 것 같은 슬픔과 어려움이 닥치더라도, 그 상황을 벗어나거나 이겨 낼 방법이 있다는 뜻입니다. 누구에게나 어려운 순간은 찾아옵니다. 그러나 다시 박차고 일어서려는 용기만 있다면 방법이 생기게 마련이지요.

한 뼘 플러스+

옛 조상들에게 하늘은 신이 머무는 종교적인 존재이자, 죽음 이후에 가는 세계, 인간의 선악을 아는 절대적인 존재 등의 의미를 갖고 있습니다. 노력하는 사람이 성공한다는 뜻으로 '하늘은 스스로 돕는 자를 돕는다'와 같은 속담도 있지요. '하늘에 맹세한다', '하늘이 보고 있다' 등과 같은 관용적인 표현에서도 하늘은 절대적인 존재로 사용됩니다.

공부한 날짜 월 일 확인

따라 써 볼까?

하	늘	이		무	너	져	도		솟	아	날	
구	멍	이		있	다	.						

무슨 뜻일까?

아무리 어려운 상황에 처해도 헤쳐 나갈 방도가 있다.

다시 써 볼까?

하늘이 무너져도 [솟아날 구멍]이 있다.

공감 플러스+

- 최근 어려운 상황을 벗어났던 경험이 있다면 공유해 보아요.

5회

실력 뽐내기 퀴즈

다음 초성을 참고하여 정답을 써 봅시다.

❶ 우물 안 ㄱ ㄱ ㄹ 정답 □□□

❷ ㅇ ㅅ ㅇ 도 나무에서 떨어진다. 정답 □□□

❸ 언 발에 ㅇ ㅈ 누기. 정답 □□

❹ ㅇ 에 쓴 약이 ㅂ 에 좋다. 정답 □, □

❹ ㅋ 심은 데 ㅋ 나고 ㅍ 심은 데 ㅍ 난다. 정답 □, □, □, □

다음 괄호에서 바른 맞춤법을 찾아서 ○표 해봅시다.

❶ 지렁이도 (발브면, 밟으면) 꿈틀한다.

❷ 웃는 (낱에, 낯에) 침 못 뱉는다.

❸ 하늘이 (무너져도, 무너저도) 솟아날 구멍이 있다.

❹ 아니 (땐, 뗀) 굴뚝에 연기 날까.

❺ 작은 고추가 (멥다, 맵다).

속담과 뜻이 어울리는 것을 골라 선긋기를 해 봅시다

아니 땐 굴뚝에
연기 날까. •　　　　• 어떤 결과엔
반드시 원인이 있다.

2
우물 안 개구리. •　　　　• 넓은 세상을 알지 못해서
견문이 좁은 경우.

3
콩 심은 데 콩 나고
팥 심은 데 팥 난다. •　　　　• 모든 일은 원인에 따라
결과가 나타난다.

4
하늘이 무너져도
솟아날 구멍이 있다. •　　　　• 급한 상황에 끼워 맞춰
해결해도 그 효력이
오래가지 못할 때.

5
언 발에 오줌 누기. •　　　　• 아무리 어려운
상황에 처해도 헤쳐 나갈
방도가 있다.

퀴즈의 정답은 125쪽에 있습니다

실력 뽐내기 퀴즈 정답

1회 34~35쪽

실력 뽐내기 퀴즈

다음 초성을 참고하여 정답을 써 봅시다.

① 공든 ㅌ 이 무너지랴. 정답 탑

② 가는 ㅁ 이 고와야 오는 ㅁ 이 곱다. 정답 말

③ 그림의 ㄸ. 정답 떡

④ ㄲ ㅁ ㄱ 날자 ㅂ 떨어진다. 정답 까 마 귀, 배

⑤ ㄱ ㄹ 싸움에 ㅅ ㅇ 등 터진다. 정답 고 래, 새 우

다음 괄호에서 바른 맞춤법을 찾아서 ○표 해봅시다.

① 가재는 (**게**, 개) 편이다.

② 구슬이 서 말이라도 (꽤어야, **꿰어야**) 보배

③ (굼뱅이, **굼벵이**) 도 구르는 재주는 있다.

④ 가랑비에 옷 (**젖는**, 젓는) 줄 모른다.

⑤ 개구리 (**올챙이**, 올첸이) 적 생각 못 한다.

속담과 뜻이 어울리는 것을 골라 선긋기를 해 봅시다.

① 개구리 올챙이 적 생각 못 한다. — 형편이 좋아지자 어려웠던 과거를 잊고 처음부터 잘난 것처럼 뽐낸다.

② 굼벵이도 구르는 재주는 있다. — 아무리 별 볼 일 없어 보이는 사람도 한가지씩 재주는 가지고 있게 마련이다.

③ 가재는 게 편이다. — 생김새나 상황이 비슷한 것들끼리 서로 감싸 준다.

④ 구슬이 서 말이라도 꿰어야 보배. — 아무리 훌륭한 것이라도 쓸모 있게 다듬어야 값어치가 생긴다.

⑤ 고래 싸움에 새우 등 터진다. — 강자들이 싸우는 통에 아무 상관없는 약자들이 피해를 본다.

퀴즈의 정답은 124쪽에 있습니다

2회 56~57쪽

실력 뽐내기 퀴즈

다음 초성을 참고하여 정답을 써 봅시다.

① ㄲ 먹고, ㅇ 먹고. 정답 꿩, 알

② ㄷ 안에 든 ㅈ. 정답 독, 쥐

③ 누워서 ㅊ 뱉기. 정답 침

④ 남의 손의 ㄸ 이 더 커 보인다. 정답 떡

⑤ ㄷ ㄷ ㄹ 도 두들겨 보고 건너라. 정답 돌 다 리

다음 괄호에서 바른 맞춤법을 찾아서 ○표 해봅시다.

① 낫 놓고 (**기역 자**, 기억 자)도 모른다.

② 닭 (쫒던, **쫓던**) 개 지붕 쳐다 본다.

③ 도토리 키 (**재기**, 제기).

④ 낮 말은 새가 (듯고, **듣고**) 밤 말은 쥐가 (듯는다, **듣는다**).

⑤ 달면 삼키고 쓰면 (**뱉는다**, 뱃는다).

속담과 뜻이 어울리는 것을 골라 선긋기를 해 봅시다.

① 독 안에 든 쥐. — 아무리 애써도 궁지를 벗어날 수 없는 경우.

② 낮 말은 새가 듣고 밤 말은 쥐가 듣는다. — 비밀스럽게 한 말도 남의 귀에 들어가기 쉬우니 항상 말조심하라.

③ 낫 놓고 기역 자도 모른다. — 무식해서 아무것도 알지 못한다.

④ 누워서 침 뱉기. — 남에게 해를 입히려고 한 일이 도리어 내게 해가 될 때.

⑤ 달면 삼키고 쓰면 뱉는다. — 옳고 그름을 따지지 않고 자신의 이익만 꾀함.

퀴즈의 정답은 124쪽에 있습니다

3회 78~79쪽

실력 뽐내기 퀴즈

다음 초성을 참고하여 정답을 써 봅시다.

① 될성부른 ㄴ ㅁ 는 ㄸ ㅇ 부터 알아본다. 정답 나 무, 떡 잎

② ㄸ ㄴ 놈 위에 ㄴ ㄴ 놈 있다. 정답 뛰 는, 나 는

③ 믿는 ㄷ ㄲ 에 발등 찍힌다. 정답 도 끼

④ 못 먹는 감 ㅉ ㄹ ㄴ 본다. 정답 찔 러 나

⑤ ㅂ ㄴ 가는 데 ㅅ 간다. 정답 바 늘, 실

다음 괄호에서 바른 맞춤법을 찾아서 ○표 해봅시다.

① 말 한마디에 천냥 (빛, **빚**)도 갚는다.

② 밑 빠진 독에 물 (**붓기**, 붇기).

③ 땅 (집고, **짚고**) 헤엄치기.

④ 똥 (**묻은**, 무든)개가 겨 (**묻은**, 무든)개 나무란다.

⑤ 등잔 (빛, **밑**)이 어둡다.

속담과 뜻이 어울리는 것을 골라 선긋기를 해 봅시다.

① 믿는 도끼에 발등 찍힌다. — 믿고 있던 일이나 사람에게 배신을 당해 해를 입는다.

② 될성부른 나무는 떡잎부터 알아본다. — 장래에 크게 될 사람은 어릴 때부터 남다르다.

③ 똥 묻은 개가 겨 묻은 개 나무란다. — 자기 흉이 더 크면서 도리어 남의 작은 흉을 본다.

④ 말 한마디에 천냥 빚도 갚는다. — 말을 잘하면 어려운 일이나 불가능해 보이는 일도 해결할 수 있다.

⑤ 뛰는 놈 위에 나는 놈 있다. — 아무리 재주가 뛰어나도 그보다 더 뛰어난 사람이 있다.

퀴즈의 정답은 124쪽에 있습니다

4회
100~101쪽

실력 뽐내기 퀴즈

다음 초성을 참고하여 정답을 써 봅시다.

1. ㅂ 보다 ㅂ ㄲ 이 더 크다. 정답 배, 배꼽
2. 벼는 익을수록 ㄱ ㄱ 를 숙인다. 정답 고개
3. ㅂ 없는 말이 천 리 간다. 정답 발
4. ㅅ ㄱ 이 많으면 배가 ㅅ 으로 간다. 정답 사공, 산
5. 세 살 버릇 ㅇ ㄷ 까지 간다. 정답 여든

다음 괄호에서 바른 맞춤법을 찾아서 ○표 해봅시다.

1. 수박 겉 (핥기, (핥기)).
2. 소 (잃고, (잃고)) 외양간 고친다.
3. 백지장도 ((맞들면), 맛들면) 낫다.
4. 비 온 뒤 땅이 더 ((굳어진다), 구더진다).
5. 불난 집에 (부체질, (부채질)) 한다.

속담과 뜻이 어울리는 것을 골라 선긋기를 해 봅시다.

1. 사공이 많으면 배가 산으로 간다. — 참견하는 사람이 많으면 일이 잘되기 어렵다.
2. 소 잃고 외양간 고친다. — 일이 잘못된 이후에는 후회해도 소용이 없다.
3. 수박 겉 핥기 — 사물이나 사건의 진짜 속은 모르고 겉만 건드린다.
4. 불난 집에 부채질한다. — 남의 재앙을 더 크게 만들거나 화난 사람을 더 화나게 한다.
5. 백지장도 맞들면 낫다. — 아무리 쉬운 일이라도 서로 힘을 합치면 훨씬 쉽다.

퀴즈의 정답은 124쪽에 있습니다

100 콩심콩 팥심팥 속담 따라쓰기 101

5회
122~123쪽

실력 뽐내기 퀴즈

다음 초성을 참고하여 정답을 써 봅시다.

1. 우물 안 ㄱ ㄱ ㄹ 정답 개구리
2. ㅇ ㅅ ㅇ 도 나무에서 떨어진다. 정답 원숭이
3. 언 발에 ㅇ ㅈ 누기. 정답 오줌
4. ㅇ 에 쓴 약이 ㅂ 에 좋다. 정답 입, 병
5. ㅋ 심은 데 ㅋ 나고 ㅍ 심은 데 ㅍ 난다. 정답 콩, 콩, 팥, 팥

다음 괄호에서 바른 맞춤법을 찾아서 ○표 해봅시다.

1. 지렁이도 (발브면, (밟으면)) 꿈틀한다.
2. 웃는 (낱에, (낯에)) 침 못 뱉는다.
3. 하늘이 ((무너져도), 무너저도) 솟아날 구멍이 있다.
4. 아니 ((땐), 뗀) 굴뚝에 연기 날까.
5. 작은 고추가 (멥다, (맵다)).

속담과 뜻이 어울리는 것을 골라 선긋기를 해 봅시다

1. 아니 땐 굴뚝에 연기 날까. — 어떤 결과엔 반드시 원인이 있다.
2. 우물 안 개구리. — 넓은 세상을 알지 못해서 견문이 좁은 경우.
3. 콩 심은 데 콩 나고 팥 심은 데 팥 난다. — 모든 일은 원인에 따라 결과가 나타난다.
4. 하늘이 무너져도 솟아날 구멍이 있다. — 아무리 어려운 상황에 처해도 헤쳐 나갈 방도가 있다.
5. 언 발에 오줌 누기. — 급한 상황에 꺼워 맞춰 해결해도 그 효력이 오래가지 못할 때.

퀴즈의 정답은 125쪽에 있습니다

122 콩심콩 팥심팥 속담 따라쓰기 123